早稲田教育叢書 35

変動期ヨーロッパの社会科教育

―― 多様性と統合 ――

小森 宏美 編著

学文社

目　次

序　章　教科書研究の地平 ……………………………………… 1
 はじめに　1
 教科書という視座　4
 本書の構成　5

【第一部　歴史教育と民族問題】

第1章　多民族社会と歴史教育―バルト三国の事例― ……………………… 9
 はじめに　9
 1. 現在につながる歴史問題　12
 2. 歴史認識と民族問題　14
 3. 歴史教育の変化　16
 4. 歴史教育の成否　20
 おわりに　22

第2章　旧ユーゴスラヴィア諸国における社会科教育
  ―クロアチアの歴史教科書問題を中心に―　………………………… 25
 はじめに　25
 1. 旧ユーゴスラヴィア諸国について　26
 2. 連邦解体後の各国の教育制度の変化　28
 3. 各国の教科書制度　29
 4. 社会科教育の特徴　31
 5. 歴史教科書の特徴と問題点　32
 6. 歴史教科書問題の克服の試み　37

7. 歴史教科書問題は解決したのか　38
おわりに　39

【第二部　地域アイデンティティと社会科教育】

第3章　欧州統合とポルトガルの歴史教科書
　　　　　―「欧州」はどのように表象されているか― …………………　47

はじめに　47
1. 教育分野における欧州統合の発展と教育政策の「欧州化」　49
2. ポルトガルの歴史における「欧州」　51
3. ポルトガルの教育制度の「欧州化」　53
4. ポルトガルの歴史教科書における「欧州」　57
おわりに　61

第4章　スペインの中学校社会科教科書と地域アイデンティティ
　　　　　―現行制度の概要とバスク自治州の事例― ………………………　65

はじめに　65
1. 法的枠組み　66
2. 教育制度の変遷　69
3. 教科書の出版・選定・使用　78
4. 社会科教科書の事例　81
5. 地域アイデンティティをめぐる駆け引き　86
おわりに　91

第5章　地域アイデンティティと社会科教育―コルシカの事例― …………　97

はじめに　97
1. コルシカ概要　98
2. フランスの教育制度と地域語　100
3. コルシカ語と教育　103
4. おわりに～もはや脅威ではない地域の多様性～　110

補　論　「我々」とは誰か―国民，公民，言語― ……………………… 113
　　はじめに　113
　　1.「国民教育」と「公民（市民）教育」　114
　　2. 言語の選択，情報の選択，「我々」ネットワークの選択　116
　　3.「我々」の内側と外側　118
　　おわりに　121

あとがき ………………………………………………………………………… 123

序　章

教科書研究の地平

はじめに

　本書は，早稲田大学教育総合研究所の共同研究「社会科教材の国際比較と教材案の作成——ヨーロッパ諸国を事例として」で2年間にわたり行ってきた議論を下敷きにして開催された，教育最前線講演会シリーズ「変動期ヨーロッパの社会科教育」の内容をまとめたものである。それゆえ本書に所収された論文は講演の内容に沿ったものであるが，講演会では説明不足であった点に関する補足や，講演会での議論を踏まえて敷衍した論点もある。また，補論として掲載した佐野論文は，講演会では第二部の司会を務めた佐野直子が，講演会での議論に触発されて書き下ろしたものである。
　そもそも，教科教育について門外漢であるばかりか，専門とする学問分野も異なる者たちが集まってヨーロッパの社会科教材に関する共同研究を立ち上げるにあたっては，3つの問題意識があった。そのひとつは，冷戦の終焉によってヨーロッパが急激な変化に直面しているにもかかわらず，そうした変化についての日本での認識は一面的ではないかという疑問である。2つめは，ヨー

ロッパだけでなく，世界全体が急速な変化の中にあるとするならば，社会科教育に期待されること，またその限界について，各国・地域を比較することに意味があるのではないかという考えである。他の科目にも同様の面があることを否定するわけではないが，とくに社会科教育には，国民の形成あるいは市民教育の役割が期待されていることを強調したい。そして，3つめとして，いま述べたひとつめと2つめに関連して，研究者として得た知見を，教員としていかに大学という場で提供していくかという実践的な問題が挙げられる。以下でこの3点について，簡単にではあるが補足したい。

　ひとつ目の点について，本共同研究では，東欧という専門家以外にはいまだにあまりなじみのない国々，あるいはフランスやスペインといった日本でも比較的知られている事例の場合には，国家レベルに限定することなく地域的枠組みに注視して議論行ってきた（ここでいう「地域」には，例えばEUや地中海地域のように複数の国にまたがる場合もあれば，プロヴァンス地方のように国の中の一部である場合もある）。それは，ヨーロッパと一口に言ってもその内実が極めて多様であり，国や地域それぞれが個性をもった存在であることに注視する必要があると考えるためであり，また同時に，そうした個性的な存在が，ヨーロッパ統合の中でどのように変容しているのかを比較の視点から見ることで，現代世界の理解に示唆的なことが何か見出せるのではないかと考えるからである。

　冷戦の終焉に伴い体制転換を経験した東欧各国では，市場経済への移行，政治の民主化などとともに教育のあり方も大きな変化を経験した。体制転換の過程は一国内にとどまるものではなく，EU加盟という目標の達成に向け，とりわけ法制度などの分野で「ヨーロッパ化」を推進する必要に迫られた。もちろん，ここには教育も含まれる。他方，いわゆる西ヨーロッパの国々では，1980，90年代の多文化主義の隆盛の後，移民の増加と多様化を受け，少なくとも中央政府レベルでは社会統合の方向へ再度舵が切られている。そうした変化に地域はどう反応しているのか。こうした変化について，本書では社会科教育を切り口に各事例について紹介したい。

　2つ目の問題意識の背景には，日本の歴史教育をめぐる議論がある。周知の

とおり，現在，日本史と世界史を融合した「歴史総合」という科目の新設が検討されている。これが世界史離れの解決につながるか否かも興味深いところである。日本の場合，科目として日本史と世界史に分かれているなかで，世界史の枠組みに日本史が関連づけられて語られることは限定的で，むしろ，自国史と他国史に分離された状態にあるといった方が正確だろう。一方，世界には，もちろん自国史と他国史という分け方をしている国もあるが，そうした二分法にとどまらない科目構成を採用している国も少なくない。このことは歴史に限らず，地理についてもいえることかもしれない。念のために付言すれば，どちらか一方が正しいやり方であるということを主張したいわけではない。そうではなく，歴史的背景および社会構造，他国や他地域との関係における共通点・相違点があるなかで，いかにして今日の制度および学習内容が作り上げられ，決められているのか，ということを見る必要があるということである。それを見たうえで複数の国や地域を比較の土壌に載せることを通じて，今日の社会科教育が抱える問題やあるいは可能性について考えることができると期待される。

　話は少しそれるが，日本には，アジアの状況と比較してヨーロッパでは過去に関する和解がうまくいっているという認識があるように思われる。それが間違っているわけではないが，しかし，あくまで対象を限定した場合にのみそういえるということを知っておく必要があるだろう。本書第一部で扱う2つの事例は，和解が容易ではないケースに分類できる。こうしたケースについて知ることも，アジアの状況について考えるうえで意味のあることだと思う。

　最後の3点目については，まさに本書の出版にささやかながらも意味を担わせることになる。本書の執筆陣は，上述した問題関心からも明らかなように，社会科教育の専門家ではなく，地域の専門家である。地域の専門家とは，それぞれの学問分野の方法論を使いながら地域を理解し，その地域理解を通じて現代世界を理解しようとしている研究者であるといってよい。大学の授業では，さまざまな学問分野の基本概念，学説史，その応用や展開が学ばれている。やや自画自賛気味であることは否定しないが，本書で紹介する事例は，まさにその応用や展開の最良の部分である。大学では，評価の確定したことを学ぶこと

も重要であるが（といっても，その評価が覆されることも少なくないが），まだ評価の定まっていない，しかし，だからこそ現代社会の特徴を示すような「最先端」の事例についても，ぜひ，学んでいただきたい。言い換えれば相当マニアックな研究の話を，社会科教育という身近な話題を軸に，なるべくわかりやすい形で提示できればと考えている。

教科書という視座[1]

　教科書の内容は，それを使って学ぶ生徒たちのアイデンティティ形成にどの程度影響を及ぼすのか。また，もし少しでも影響を及ぼすのであれば，どのような教科書が望ましいのか。教科書を扱う研究に対して，当然生じうるこうした問いに対し，編者として答えを持っているわけではない。それは，第一の問いについては，教科書が及ぼす影響の程度は，社会状況，すなわち，教科書が主たる知識伝達手段であり続けているのか，それとも他のメディアの発達により多数の手段のうちのひとつとなっているのかという違いや，あるいは，教科書に対する社会の中の信頼度などによって異なるため，一般論として語るのが容易ではないためである。第二の問いについては，ひとつには，内容（視点や水準など）や提示の仕方（デザインから構成まで）など多岐にわたる論点について，十分な考察を行っていないこと，いまひとつには，立場性を排して望ましい教科書の姿の提案を行うことはできないと考えるため，これもまた一義的に論じることはできないからである。

　ここでは，すでに先行研究で十分に議論されていることではあるが，本研究を進めるなかで実感として理解した教科書研究の可能性と限界について，読者にとって本書を読み進めるうえで役立つと思われる点について確認しておきたい。

　教科書を扱うにあたっては，制度と内容の両面に目配りする必要があることは言うまでもない。比較という観点からは制度上の共通点や相違点は論じやすいという利点もある。他方，内容については，それが意味するところを分析し，

なおかつ比較可能な論点を見つけるのはそれほど容易ではない。さらに，知識伝達の手段として教科書を見た場合，教科書そのものを扱うだけではそれが有する影響力を測るには不十分である。それゆえ必然的に，関心は教科書を使う側にではなく，教科書の内容が決定される背景ならびに過程に向けられることになる。そうした関心は，地域の専門家にはなじみのものであり，本書において社会科教育を論じるよりも地域を論じている側面が強いのはそのためである。

　教科書の内容の決定に作用する要素はひとつではない。社会構造や隣国との関係，歴史的背景など，それぞれの国や地域においてどの要素の比重が大きいかも異なる。とはいえ，拡大と統合の深化に向かうEU加盟国の間には共通点も少なくない。というよりは，EU加盟国であることが一定程度以上の拘束になっているともいえる。それでも，国や地域の間で違いが生じるならば，それを見ることで，どこまでがEU加盟国として要求され，どこでせめぎあいが起きているのか，明文化されてない規範の輪郭とその揺れを読み取ることも可能だろう。だが，それはヨーロッパの理解，ひいては現代世界の理解につながる可能性を有している一方で，教育に関する研究という面で得られる成果はさほど期待できないことになる。

本書の構成

　本書の構成は次のとおりである。まず第一部では，いわゆる東欧の事例を扱う。「記憶の戦争」などという言葉を聞いたことがある読者はどの程度いるだろうか。日本のことを思い浮かべたかもしれないが，東欧においても近年，「記憶の戦争」とも呼ぶべき現象が顕在化している。それは，国家間の問題でもあるが，実は国内問題でもある。なぜならば，ひとつの国のなかに異なる歴史的記憶を有する人たちがともに暮らしているからだ。そうした対外的にも国内的にも複雑な状況のなかで，社会科教育はどのように行われているのか。第一部ではこうしたことを考える材料を提供したい。

　第二部で扱う事例は，いま述べた東欧の事例と比べるならば，かつて，地域

アイデンティティに沿った深刻な国内的対立があったけれどもそれがかなりの程度克服された事例と言えるだろう。それはなぜ克服されたように見えるのか，あるいは克服された状態とはどのような状態なのか。そうした社会では社会科はどのような科目として位置づけられているのか。スコットランドの分離独立問題が2014年来表面化して政治問題となっているが，そうした国家・国民の問題は，分離独立問題にまで発展しなくともいたるところに存在している。スコットランドの問題も古くて新しい問題なのであるが，それが住民投票の実施という形で争点化した原因はどこにあるのだろうか。ヨーロッパ統合の進展（あるいは停滞？）や移民の流入などにより，「古い」問題が別の形で現れてきているとするならば，そうした状況のなかで，社会科教育が直面する課題や，それらへの対応の諸策について知ることにも意味がある。

最後に，補論においてヨーロッパの教育における言語の問題を取り上げる。教授言語の選択は，実は，教える中身にもつながってくる。ヨーロッパではしばしば紛争の原因になることまであるこの問題についての解説は，社会科教育と切っても切り離せない民族・言語・アイデンティティについて理解を深めるための一助となるだろう。

【注】
1)　教科書を素材とした研究は，邦語のものだけを取り上げても多数ある。ここですべてを紹介するわけにはいかないが，本書の特に第一部と関連するものとして，近藤孝弘『歴史教育と教科書――ドイツ，オーストリア，そして日本』（岩波書店，2001年）；柴宣弘編『バルカンと歴史教育――「地域史」とアイデンティティの再構築』（明石書店，2008年）；立石洋子「現代ロシアの歴史研究と第二次世界大戦」『スラブ研究』（第62号，2015年）を挙げておく。

第一部
歴史教育と民族問題

第1章

多民族社会と歴史教育
―バルト三国の事例―

はじめに

　社会科教育の将来像をめぐっては多様な議論がある。それは裏を返せば，社会科，なかんずく歴史教育に大きな期待が寄せられていることの証左でもあろう。日本の学習指導要領では高等学校の地理歴史科の教科目標として「我が国及び世界の形成の歴史的過程と生活・文化の地域的特色についての理解と認識を深め，国際社会に主体的に生きる民主的，平和的な国家・社会の一員として必要な自覚と資質を養う」ことが謳われている[1]。日本のみならず世界の歴史を学ぶことの重要性が指摘されており，他の科目では考えられないような大きな目的であるといえる。こうした歴史教育の位置づけは日本に限ったことではなく，世界に目を向けてみても，紛争後の社会統合，あるいは民族問題の解決などで歴史教育に期待を寄せる声は小さくない。本書の第2章で扱われている旧ユーゴスラヴィアの事例はまさにその好例であるし，また，イスラエルと

パレスチナの関係においても（少なくとも当事者以外からは）同様の期待がある。もともと歴史学そのものが19世紀の国民国家の誕生と「共犯」関係にあったことを思い返せば，こうした期待に関する理解も容易になろう。

このように，教科としての歴史に対する期待には歴史のなかで常に小さからざるものがあった。現在，いろいろな意味でグローバル化が進行しているからこそ，国民統合に資する科目としてとくに歴史教育が注目されているのではないか。自国史のみを念頭においているわけではない。むろん，アイデンティティの形成という点では，国家の来歴を語る自国史が重要であると考えられても不思議ではない。だが，世界史の中に位置づけられていない自国史を学ぶだけでは，そこで得られる自画像はゆがんだものとなってしまうだろう。それゆえ，自国史と世界史がそれぞれの国にとって望ましいと考えられる形で配分されたカリキュラムが組まれているのである。

ところが，授業を受ける生徒の側は異なる評価をしているようである。高校で世界史を教えている小川幸司氏は『世界史との対話（上）――70時間の歴史批評』（地歴社）の補論で，「世界史は心底嫌われている」と喝破する。これはまた別の言葉では「苦役」であるとも指摘する[2]。「心底嫌われている」というのはやや誇張かもしれないにしても，敬遠されていることは間違いない。そのことは，センター試験の科目別受験者数推移からも見てとれる（表1－1）。

このようにここ3年間だけを見てみるならば，世界史および日本史の受験者が微減傾向にあるのに対し，地理の受験者は微増傾向にあることがわかる。日

表1－1　センター試験の地理歴史科目別受験者の割合の推移
%

	平成24年度	平成25年度	平成26年度
世界史A，B	24	23	22
日本史A，B	42	41	40
地理　A，B	34	36	38

出所）http://www.dnc.ac.jp/data/suii/h24.html（2016年2月26日閲覧）より筆者作成
※それぞれの受験者数を地理歴史全体の受験者総数で割ったもの

本史の場合には減少といっても，地歴科目での受験者のうち約4割が選択している。人数では，日本史と地理が15万人程度であるのに対し，世界史は約9万人である。こうした傾向は，単に世界史を選んだ場合に覚えなければならない情報量が相対的に多く，受験に不利に働くとの認識からのみ説明できるわけではない。

　2007年12月に内閣府が実施した「学習指導要領に関するアンケート調査」によれば，高校で学習した地歴科目について，回答者のうちその科目が卒業後に役に立ったと考えているのは，世界史63.7％，日本史73.8％，地理78.9％であった（図1-1）。この結果から何らかの決定的な結論が導き出せるわけではないものの，世界史が他の科目と比較して，相対的にとはいえ役に立っていないと認識されていることは間違いない。ただし，では世界史を学ばなくても良いと考えているかというと，必ずしもそうではなく，世界史と日本史の両方を同程度の時間学ぶほうが良いと答えた回答者は4割程度であった（同アンケート

Q. 高等学校で学習した「地理歴史」科目（世界史・日本史・地理）について，高等学校卒業後役に立ちましたか。

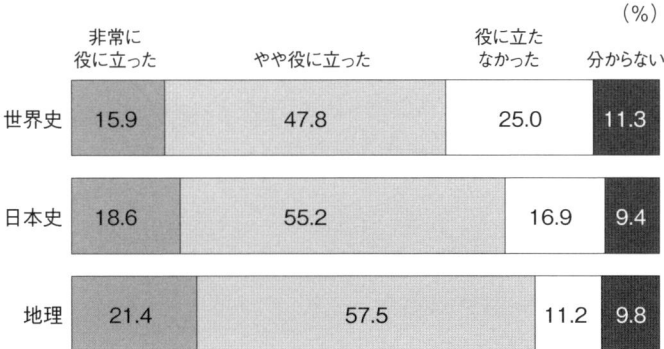

出所）http://www8.cao.go.jp/kisei-kaikaku/publication/2007/1211/item071211_01.pdf
　　（2016年2月26日閲覧）より筆者作成

図1-1　「学習指導要領に関するアンケート調査」にみる認識

調査）。

　国際関係がますます複雑化するなかで世界史を学ぶ必要性は減じていないが，学ぶ側としては，一概にはいえないものの，世界史を面白いと思っていない生徒は多いし，どのように役に立つのかを理解していない可能性も高い。一方，実は巷には，日本史，世界史を問わず多くの歴史概説書や歴史関連の啓蒙書があふれている。世界史はあまり人気のある科目とはいえないかもしれないが，歴史の知識に対する関心は必ずしも低くないといえる。

　歴史教育の方向性が問われているのは日本だけではない。ヨーロッパの国々も，世界が大きく変動する中で自らの立ち位置を見極め，他国・他地域・他民族との関係を築いていくために歴史教育が必要であるとの認識では変わりがない。そこで本章では，隣国との関係やこれまでの歴史的背景から，歴史教育に注目が集まりやすいバルト三国のうちエストニアとラトヴィアを取り上げ，歴史教育の方法や今日的意味についてあらためて考えてみたい。日本の歴史教育に対し何らかの直接的な示唆を与えることはできないが，歴史教育の可能性と限界，それが本質的に抱えている諸問題について考える契機になることを期待したい。

1. 現在につながる歴史問題

　歴史教育が注目される理由を理解するためには，その歴史そのものに目を向ける必要がある。現在のエストニア，ラトヴィア，リトアニアの領域は，第一次世界大戦を経て独立するまで，ロシア帝国の一部であった。3国のうちエストニアとラトヴィアは，13世紀ごろから入植してきたドイツ人により支配され，その支配は独立を達成するまで続いた。一方，リトアニアは，ポーランド・リトアニア分割により18世紀末にロシア帝国に入るまで，他の2国とは異なる歴史を辿った。20世紀になって独立するまで自前の国家を持ったことがなかったエストニアとラトヴィアに対し，リトアニアは中世ヨーロッパの大国であった。その領域も，バルト海から黒海にまで広がっていた。

だが，ロシア帝国に入った後は，基本的にこの 3 国は似たような歴史を辿ることになる。ソヴィエト・ロシアやドイツとの戦いを経て達成した1920年の実質的独立から1940年にそれを失うまで，3 国とも短い独立時代を経験した。1940年の独立喪失は，ソ連への編入による。この編入は自発的なものだったのか，強制的なものだったのか，これがバルト三国と現在のロシアの間では歴史認識をめぐる最大の争点になっている。独ソ戦が勃発すると，1941年から44年にかけて今度はドイツの占領下に入り，人びとはソ連側とドイツ側に分かれての戦いを強いられた。

　第二次世界大戦が終わっても 3 国の独立は回復されることはなく，再びソ連時代が始まる。このソ連時代に，エストニアおよびラトヴィアの現地の人びとの意に反して，大量のロシア語話者[3]移民が流入し，その結果，民族構成が激変する。なかでもラトヴィアではロシア語話者の割合がほぼ50％にまで増加し，民族的ラトヴィア人は民族の存亡の危機を感じたのである。こうした民族構成の激変も理由のひとつとなり，1980年代半ばに始まるペレストロイカ期に独立回復への希求が高まって，3 国は1991年に再独立を果たした（リトアニアは1990年 3 月に独立を宣言したが，国際的承認を得たのは1991年）。

　この独立の際に問題となったのが，ソ連時代に流入したロシア語話者移民の存在である。ソ連時代を不法な占領期と理解する歴史認識を基に，エストニアとラトヴィアは，1940年 6 月17日，すなわちソ連軍による占領が開始されたとされる日を境として，この日以降の移住者には自動的には国籍を付与しないという政策を採った。そのため，これらの人びとはソ連の解体に伴い無国籍になったのである。その数は，エストニアで約40万人，ラトヴィアで約70万人にものぼった。ちなみにリトアニアにはこの 2 国ほど多くの移住者は流入せず，また，独立に伴いリベラルな国籍政策を採用したので，無国籍者問題は発生しなかった。

2. 歴史認識と民族問題

　やや単純化していえば，前節で述べたような歴史とそれに対するエストニアおよびラトヴィア政府の歴史認識により，ソ連時代の移住者はいかなる国籍も持たない存在となった。それは，1991年12月にソ連が解体したためでもある。ソ連という国の国民であったはずが，その時点で居住していた領域が独立したためにその地位を脅かされ，さらに，帰属していたはずの国も消滅してしまったのである。この問題は歴史問題でもあり政治問題でもある。エストニアおよびラトヴィア政府の立場に立てば，自らの国籍政策を正当化するためには，ソ連による占領という歴史認識を固守する必要があるが，ロシア語話者移民はその歴史認識を必ずしも共有していない。それゆえに，とくに学校における歴史教育が重要になるのである。

　ところが学校における歴史教育は，教育内容に関わる問題だけではなく制度上の問題も抱えている。これもある意味でやはりソ連時代の遺産に規定されている。ソ連時代，学校は授業言語別にロシア語系学校と現地語系学校に分かれていた。例えばエストニアならば，エストニア語で授業をする学校とロシア語で授業をする小・中・高校のそれぞれがあるということである。ソ連時代には，多くのロシア語話者は現地語を形式的にしか学ばず，また社会にでてからも使う機会がなかったため，現地語を習得しなかった。現在では，国語となった現地語は当然のことながら必修であり，また，6割程度の科目は国語で授業を行うことになっているので，生徒や学生の現地語能力は格段に上がっている。また，ロシア語話者の中に現地語系学校に通う生徒もいないわけではない。

　授業言語別の学校はソ連時代の遺制ではあるが，皮肉なことに，多文化主義あるいは多言語主義を推奨するヨーロッパの趨勢に一致している。それが唯一の理由ではないものの，そうした評価が可能であるがゆえにロシア語系学校は廃止されず存続し続けているのである。ただし，バルト三国も日本同様に少子化の問題に直面しており，生徒数減少を原因とした学校の統廃合は行われてい

て，ロシア語系学校の数は全体としては減少傾向にある。

　この授業言語別の学校制度は歴史教育にどのような影響を及ぼすのか。民族間関係にかかわる問題として，多数派，つまりエストニアであればエストニア人と，少数派であるロシア語話者の間の歴史認識がずれてしまう，あるいはそのずれを補正できない可能性が指摘できる。前節で述べたように，バルト三国にとって歴史上の最大の問題は1940年のソ連編入と1944年のソ連時代の再開をめぐる解釈にある。3国が意に反してソ連によって軍事的に占領されたのか，それとも，自発的にソ連に編入したのか。ソ連時代はいうまでもなく，現在のロシアも後者の立場を堅持している。また，バルト三国に居住するロシア語話者の多く，とりわけ中高齢者はそうした認識を共有している。このことは1944年についても言えることである。このときバルト三国はソ連に再占領されたのか，それともナチス・ドイツからソ連軍によって解放してもらったのか。これらの出来事をめぐる歴史認識は，単に過去の理解という意味を持つだけでなく，現在のロシア語話者の立場（不法移民か正当な移住者か）を規定するものであるがゆえに，現在的な問題でもあるのである。

　こうした歴史認識の違いが現実には存在しているものの，原則的にはカリキュラムは同一で，使用言語は異なる場合もあるが，教科書の内容も同じである。だが，教育内容が現場ごとに異なることは想像に難くない。使う教科書が同じでも教員が異なれば，伝える内容が異なることもまれではない。2007年4月にタリンで起きた，第二次世界大戦の戦勝記念碑の移設をめぐる騒動は，多数派と少数派の間の歴史認識が依然としてぶつかり合っていることの表れであるとされた[4]。社会学的調査研究でも，公的な歴史叙述の中での少数派についての否定的な描写を改める必要が指摘されている[5]。

　それは，学校で歴史を学ぶ生徒の自己認識に直接影響する問題でもある。というのは，歴史認識次第で生徒自身が不法移民の子孫にも，合法的移住者あるいは解放者の子孫にもなりうるからである。また，ソ連時代の民族構成の激変が，エストニアおよびラトヴィアの現地民族抹殺を目的としたソ連中央の政策の結果であるとするならば，ソ連時代の移住者はその手段であったということ

になる。自分たちの親や祖父母の移住の理由が,今の子どもたちの意識にも深く関わってくるといえるのである。

3. 歴史教育の変化

　エストニアでは1991年の独立回復当初,歴史教育は「脱ソ連・脱共産主義」を掲げる民族主義的な政権の下,すでに述べたようないわゆる「占領史観」ないし第二次世界大戦以前の状況を回復しようとする「原状回復史観」に強く規定されていた。それは,歴史家でもある首相マルト・ラール自身の歴史観を反映したものであった。首相自身が一連の教科書の中心的な執筆者であったことは象徴的である[6]。

　こうした教科書の内容は90年代末ごろから変化を見せ始める。変化を促進した要因はひとつではなかったが,なかでも重要な要因のひとつとしてEU加盟が挙げられる[7]。EU加盟への障害として指摘されたのは,あまり進展しているといえないロシア語話者の社会統合であり,とりわけ無国籍者の存在であった。EUは加盟の条件として,いわゆるコペンハーゲン基準の遵守を加盟申請国に求めていた。そのひとつに少数者の人権が含まれているのである。EUの加盟基準は教育内容の詳細にまで踏み込むものではなかったが,社会統合を進めていくなかで,国籍取得や国語能力の獲得といった少数者側の努力に加えて,多数派の側の変容も求められた。それなしには社会統合はなしえないとされたのである。

　とはいえ,教育内容を具体的に変えていくのは容易ではない。使用する教科書の中身もさることながら,教育現場でいかに教えるのかということも生徒の歴史認識形成にはきわめて重要である。そこで作成されたのが教師用ハンドブックである。エストニアでは,エストニア歴史家協会によって,『歴史は単なる過去じゃない,過去はまだ歴史になっていない』(エストニア語版およびロシア語版あり)が作成された。同様に,ラトヴィア語でも『過去の理解へ向けた道』という教師用のハンドブックが作成された。これらの作成にあたっては,

ユーロクリオ(ヨーロッパ歴史教育者協会)が関わっている。

　歴史教育の変化をもたらした要因として，隣国ロシアとの関係にも目を向ける必要があるだろう。昨今のウクライナ問題で再び強く認識されたことであるが，ロシア語話者の居住国に対する忠誠心の確保は，エストニアやラトヴィアのように大量のロシア語話者を抱える小国にとって，地政学上，死活的な問題である。言語的にはロシア語話者であっても，それらの人びとがどの国を祖国と認識するのかは別の問題である。現在の居住地との紐帯を強化し，帰属意識を強めるような歴史認識を醸成する必要性が強く意識されるようになったのである。

　では，どのような方法がロシア語話者を包摂するような歴史教育だと考えられたのか。それを見るために，前述の教師用ハンドブックの中身を見てみよう。

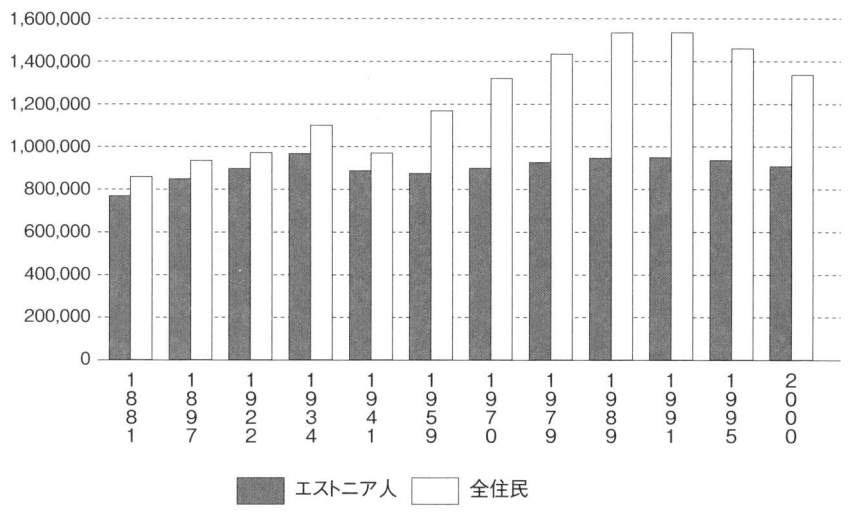

出所) https://www.dropbox.com/s/ruvzzsxq02p4ep7/005.pdf (2016年2月26日閲覧)

図1－2　1881～2000年のエストニア住民の民族構成の変化

図1-2は，19世紀末から2000年までの，エストニアにおける民族構成の変化を示したものである。19世紀には全体の8割以上を占めていたエストニア人の割合が，1959年以降減少する一方，人口は1941年にいったん減少した後，1989年まで増加し続けていたことがわかる。こうしてまず，統計局の資料などを利用して民族構成の変化を示した後に，歴史書や回想録からの抜粋を掲載し，生徒自身に資料に基づいて考える機会を与える。その資料のなかには，ロシア語系学校で実施されたアンケート結果なども含まれている。ここではその一部を紹介する。

以下は，2003年にエストニアの首都タリンのロシア語系学校（9〜12年生）で実施された調査で質問された「どういう経緯で私の両親はエストニアに来たのか」という問いに対する生徒からの回答の一部である。

・最初兵士として働いていたが，退役して魚加工工場に勤め，10年間働いたらアパートがもらえた。
・ナルヴァ[8]の発電所で働いていたらアパートがもらえた。
・タリンで建設関係で両親が働いていた。なぜ建設の仕事があったかというと，モスクワ・オリンピックの時に，ヨット競技はエストニアのタリンで行われたからである。

これらの回答からわかるのは，生徒の親や祖父母がエストニアに来た理由は，もっぱら仕事の関係であるということである。こうした仕事のための移動が，連邦中央の政策の結果でないとは，実は言い切れないのだが（ソ連時代には住居や職場を変えるには当局の許可が必要であった），個人の記憶や認識のレベルではそれは生活のなかでの選択として理解されているのである。以上のような多様な資料を読んだ後に，「ソヴィエト政権の下で移住政策で重視されたのは，政治的な理由か」というような問いに答える作業が課せられる。すなわち，移住政策はロシア化政策の一環であったのか，それとも経済的問題，つまり労働力不足を補うための労働者として移住が推進されたのか，について生徒は考

えさせられる。答えはどちらでもよいのだが，「そう考える理由」を示すことが生徒には求められる。さらに，「『エストニアへの移住—自由な選択，あるいは国の政策』という題でエッセイを書きなさい」という課題も生徒に与えられる。念のために付言すれば，これらはハンドブックで推奨されていることで，実際の教育現場でどのようにそれが使われているのかについては，調査が必要である。

　さて次に，実際の教科書の記述について見てみよう。ここでもエストニアを例として扱う。エストニアでも多くの国同様，複数の歴史教科書が出版されているものの，多くの教科書においてその内容に大きな違いはない。国定や県定制度が採られているわけではなく，2人の査読者（実務者と歴史研究者）からの，カリキュラムに合致しており，学習内容と学習学年に齟齬がないことなどを保証した推薦状があればよいとされているので，比較的自由な制度であるといえる。それでも基本的には内容に大きな違いはないのである。

　とくに，基本的にソ連時代を「占領」と捉える立場については足並みがそろっている。むろん，これは独立回復以来の政府の立場であるから変えようがないのかもしれない。しかし，「占領」と現在エストニアに居住するロシア語話者の関係が，個別の認識レベルではそれほど単純ではないことはすでに述べたとおりである。なかでも大量の移住者の存在をどのように説明するかが，現在の社会にとっても極めて重要な問題になっている。2007年のある高校生用教科書には「目的は帝国（ソ連）の利益のために，地方の資源を利用することであり，同時に，獲得した領域をロシア化することであった。テロルと移住労働者の流入のために基幹民族であるエストニア人およびラトヴィア人の割合は急激に減少した」と書かれている。2007年の出版なので，ロシア語話者の社会統合の必要が認識され，政策的にも包摂的な方向に舵を切っているはずであるが，その後でもこういう記述が目に付く。2008年に出版された9年生（基礎学校の最終学年）用歴史教科書でも，やはり「占領」という言葉が使われている。ただし，「ロシア化」という言葉は使われておらず，「指令経済」というソ連型の経済体制のために大量の移住労働者が流入したと書かれている点には，異なる

ニュアンスを読み取ることも可能である。この２つの例のみで教科書の記述が変化していないと断ずることはできないが、比較的一般的に使用されている教科書の記述が、このようなものであることに留意したい。

4. 歴史教育の成否

　全般的に見れば、エストニアおよびラトヴィアの社会統合政策は、教育面も含めてうまくいっていると評価することができる。全般的というのは、国籍取得も時間はかかっているもののある程度順調に進み、また、国語教育も一定程度の成果を挙げている状況などからの評価である。ウクライナ危機を受け、諸外国の専門家らが「次はエストニアじゃないか」、「次はラトヴィアじゃないか」などと予測をするなかで、現地ではそうした危機感は外部の者が想像するほど強くはない。あるエストニア人は、「彼らは国境の向こうのことをよく知っている。国境の向こうがどんなに酷いかを知っているから、ロシアになりたいなんていうことをいわない。だから大丈夫だ」というようなことをいっている。むろん、こうした発言は印象論の域を出るものではないから、それがロシア語話者の真意を反映しているかどうかは不明である。また、いうまでもなく、ロシア語話者の中にも差異がある。とはいえ、エストニアおよびラトヴィア内のロシア語系メディアなどを見ても、そうした見方はそれほど外れていないといっても良いと判断できる。ただし、民族間で経済格差などが生じていることもあり、社会統合がうまくいっているといっても、完全に差別が解消されたわけではなく、また、民族間関係がすべからく円滑であるわけでもないということも指摘しておきたい。

　そうしたうまくいっている状況のなかでも例外的な出来事がある。それが５月９日である。この日はヨーロッパで第二次世界大戦が終結した日である。正確には、ソ連／ロシアを除くヨーロッパでは５月８日に終戦を迎えたが、ソ連／ロシアでは時差の関係で、翌９日が終戦日となっているのである。ソ連時代も、ソ連が解体した後も、この日が戦勝記念日として祝われてきた。

第1章　多民族社会と歴史教育　21

出所）Postimees, http://www.postimees.ee/teema/pronkss%C3%B5dur
（2016年2月26日閲覧）

図1－3　2015年5月9日タリン市郊外の兵士像周辺の様子

　独立回復後のエストニアやラトヴィアでも，ロシア語話者はこの日を祝い続けてきた。念のために確認しておけば，エストニア人やラトヴィア人にとってはこの日はソ連による占領が確定した日であり，祝う理由はどこにもない。図1－3は，2015年5月9日のタリン市郊外の様子である。老若男女を問わず，多数のロシア語話者が集まり，花を捧げたり，歌を歌ったりする。こうした記念日の状況は，かつても今も変わりない（むしろ，やや盛大になっている感もある）。2007年4月には，戦後，戦勝記念日が祝われてきた旧市街の広場近くに立てられていた兵士像が移設されることになり，ロシア語話者の若者たちと警官隊が衝突する事態に発展したが，その後はそうした騒動は起こっていない。いたって平和な日となっている。

　歴史教育が向かい合わなければならないのは，こうした状況である。確かにロシア語話者はエストニアやラトヴィアの社会のなかで折り合いをつけて暮ら

しているが，歴史認識については，むしろ隣のロシアのそれを共有している。それは，前節で見たような教科書の内容からは大きく隔たったものである。では，この2国の歴史教育は成果を挙げていないのだろうか。どのような目標が設定されているかによってその評価は変わるだろう。ロシア語話者の生徒の歴史認識をエストニア人やラトヴィア人のそれと同じにすることを目標とするならば，それは最初から失敗を運命づけられている。少なくとも，情報源が多様化した現代社会のなかで，歴史教育によって生徒の歴史認識を一元的に規制することはできない。

おわりに

　インターネットやその他のソーシャル・メディアの発達は，子どもたちにも，あるいは子どもたちにこそ多大な影響を与える。エストニア，ラトヴィアのロシア語話者の場合は，現地語の新聞やテレビではなく，ケーブルテレビを契約するなどしてロシアのテレビを視たり，ロシアの新聞を読んだりして，そこからより多くの情報を得ている。インターネットからも情報を入手する。それゆえ，情報の大半はロシアで発信されたものである。そうした状況下では，とくに外交問題などについて，自らが居住する国の立場よりもロシアの立場に共鳴しやすい。こうした情報環境を変えることは容易ではない。エストニア政府は，ロシア語での情報発信の強化を行ってきているが，それがどの程度成果を挙げるかについて，現時点で予想はできない。

　そうした状況を念頭において歴史教育のあり方について考えるならば，現在エストニアやラトヴィアの教科書に見られるような歴史教育の方法，すなわち，ナラティヴ型（物語型）の公的歴史認識形成には限界があるといわざるをえない。ここでナラティヴ型として想定しているのは，暗記型ないし記憶型の歴史教育である。それに対して，解釈型の歴史教育という方法をとる国もある。一般には，複数の資料を示し，それを生徒に解釈させるという方法である。この方法にも問題がないわけではない。生徒にとって歴史の「全体像」がつかみに

くいという問題はさておいても，複数の歴史認識がある場合に，それらについての判断基準がどこにあるのかはそれほど自明だろうか。そして基準が明確でないならば，極端に言えば，あらゆる解釈が等しく扱われかねず，解釈そのものが恣意的になりかない。そうしたなかでは，例えば，エストニア政府とロシア政府の歴史認識が異なる場合，両方から距離をとって解釈することは可能だろうか。エストニア人だからこちら，ロシア人だからあちらと本質主義的な決め付けに陥る恐れもある。また，距離をとってさまざまな立場から解釈しているつもりでも，その解釈がすでに社会のなかに埋め込まれた価値観を前提としていることもあるだろう。学校教育という時間が限られる場において，資料の書き手や編纂者の偏りにまで目配りをさせながら，歴史の奥深さとそれを知ることの意味を学ばせようとするのは，あまりにも過大な要求かもしれない。

　本章で取り上げたエストニアおよびラトヴィアでは，その深さは別として社会的亀裂が歴史認識（集合的記憶と言い換えることもできる）の違いによって生じていることは疑いない。だが，そうした認識の違いは，必ずしも，この2国が異なる歴史認識を有する複数の民族から構成される多民族社会であるから生じるわけではない。歴史の政治的利用は，歴史叙述という営みのなかにそもそもの最初から胚胎していた。それゆえにこそ，歴史教育は教育内容ならびに教育方法に悩みつつも，そうした歴史の本質を知るためにも必要なのである。

　日本の歴史教育は，一方では歴史に対する無関心，他方では歴史の政治化など，いろいろな意味で岐路に立たされている。しかしそうした問題は多かれ少なかれ多くの国に共通している。バルト三国のような小国も含めて多様な事例を知ることで，国という枠組みを超えた議論も可能になるだろう。

【注】
1)　http://www.mext.go.jp/b_menu/shingi/chukyo/chukyo3/siryo/06091908/005/008.htm（2016年2月13日閲覧）
2)　小川幸司『世界史との対話（上）―70時間の歴史批評』地歴社，2013年，pp.315-316

3) 民族的ロシア人だけでなく，ベラルーシ人やウクライナ人をはじめとして日常的にロシア語を使用する人びとを含むため，「ロシア語話者」ないし「ロシア語系住民」が英語では一般に使われている。エストニア語やラトヴィア語では，「非エストニア人」，「少数派民族」，「他言語話者」などの語も使用される。
4) 小森宏美『エストニアの歴史と政治認識』三元社，2009年
5) Rikmann, Erle, *Lõimumisvaldkonna sotsiaalsete gruppide uuring, Uuringu raport*, Tallinn, 2013.
6) Mertelsmann, Olaf, "Academic and Popular Representation of the Recent Past on the Example of Estonia"；Komori, Hiromi, "How Much Should the Latest Research Achievements Be Reflected in History Textbook?" Nobuya Hashimoto (ed.), *Politics of Hstories and Memories and Conflicts in Central and East European Countries and Russia*, Kwansei Gakuin Univevrsity, 2015.
7) 小森宏美「再国民化と脱国民化に直面するエストニアの歴史教育―教科書比較の視座から―」『早稲田教育評論』第29巻，第1号，2015年
8) ロシアとの国境の都市。ロシア語話者が住民の9割以上を占める。

第2章

旧ユーゴスラヴィア諸国における社会科教育

―クロアチアの歴史教科書問題を中心に―

はじめに

　南スラヴ統一国家としてのユーゴスラヴィア連邦が1990年に共産党一党独裁体制を放棄し，連邦構成共和国の間で分離・独立の機運を高めることになった体制転換から，ちょうど四半世紀が経過した。その後，ユーゴスラヴィア連邦は内戦状態に陥り，さらに1992年早々にドイツをはじめとする西欧諸国からスロヴェニアとクロアチアの独立が承認されるに至って，連邦解体は決定的なものとなった。当初は2ヵ国であっても連邦制を維持しようとしていたセルビアとモンテネグロも2006年に連合を解消し，かつての連邦構成共和国のすべて，すなわちスロヴェニア，クロアチア，ボスニア・ヘルツェゴヴィナ，マケドニア，セルビア，モンテネグロが，それぞれ独立国となった。セルビアからの分離・独立運動を展開していたコソヴォ・メトヒヤ自治州のアルバニア系住民も2008年にはコソヴォ共和国としての独立を宣言したが，すでに日本を含む

110ヵ国がそれを承認しており，これら7ヵ国が，いまや独自の道を歩んでいる。

　これらの国々では，独立に前後して学校教育制度の刷新が行われ，とくに日本でいう国語や社会に関わる科目では，大幅な学習内容の変更が加えられた。そこではナショナリズムの影響が非常に大きく，例えば歴史教科書においては，ユーゴスラヴィア連邦時代の出来事は否定的にとらえられることが多く，それぞれの「国民史」に見合う形で，いわゆる歴史修正主義的な過去の再評価さえ行われるようになった。各国の教科書は，日本の検定制度に近い認可制をとっているか，なお国定教科書であるため，各国政府の公式見解と呼べるものを忠実に反映しがちである。また，各国における過去の再評価の結果，明らかに特定の集団に敵対感情を向け，不和を助長するような記述も目につくようになった。例えば，クロアチアの教科書がセルビア人の大量虐殺を行った第二次世界大戦中の傀儡国家「クロアチア独立国」に対して，必ずしも全面的には否定しない，再評価ともとれる態度を示す一方で，1990年代の旧ユーゴスラヴィア紛争をセルビアの侵略に対する祖国防衛のための戦争として位置づけていることは，セルビアの政治家や知識人から強い反発を招いている。各国の歴史家や教育者が国際会議を開催し，特定の事件の評価について意見交換を行う機会も増えているが，細部の修正はともかく，和解をうながすような歴史観を共有するには至っていない。

　本章では，まず旧ユーゴスラヴィア諸国における社会科——すなわち社会，地理，歴史などの科目がどのように位置づけられているのか，連邦解体後の学校教育制度の変化を概観する。そのうえで，クロアチアの歴史教科書の記述を取り上げ，とくに近隣諸国との関係で何が問題とされてきたのかを明らかにし，あわせて問題解決の手段は講じられてきたのか，それは有効なものであったのかについて考察する。

1. 旧ユーゴスラヴィア諸国について

　ここで取り上げるユーゴスラヴィア連邦は，第二次世界大戦末期に枢軸陣営

に占領されていた国土を自力解放したチトー率いる共産党によって樹立されたもので，中央集権体制を敷いていた戦前のユーゴスラヴィア王国と異なり，スロヴェニア，クロアチア，ボスニア・ヘルツェゴヴィナ，マケドニア，セルビア，モンテネグロの6つの共和国が一定の自治権を持つ連邦国家となる一方，ほぼ一貫して共産党（のちに共産主義者同盟と改称）による一党独裁制が続いた。当初は連邦人民共和国，1963年以降は社会主義連邦共和国を称したユーゴスラヴィアの連邦体制は，戦前の3つの主要民族，すなわちスロヴェニア人，クロアチア人，セルビア人に加えて，新たにセルビア人とは別の民族として公認されたマケドニア人とモンテネグロ人，これら5つの民族にそれぞれの共和国を持たせるとともに，セルビア人，クロアチア人，そしてそのどちらとも判別できないイスラム教徒住民が混在するボスニア・ヘルツェゴヴィナにも共和国としての地位を与えるものであった。このボスニア・ヘルツェゴヴィナ在住のイスラム教徒は，1960年代に独自の民族として公認され，その当時はムスリム人，現在ではボシュニャク人（ボスニア人）と呼ばれている。また，これら6つの共和国に加えて，セルビア共和国には2つの自治州もしくは自治区が設けられた。セルビア人が多数派ながらハンガリー人など多くの少数民族が混在するヴォイヴォディナ自治州と，アルバニア人が多数派を占めるコソヴォ・メトヒヤ自治区である。後者は1960年代に自治州に昇格し，コソヴォ自治州と改称されている。なお，ユーゴスラヴィア連邦においては諸民族の平等が謳われていたものの，すでに触れた南スラヴ系の6つの集団とそれ以外のアルバニア人などの集団は明確に区別されており，独自の共和国の創設は最後まで認められなかった。それでも，本章と関連する教育・文化の諸領域では，十分な配慮がなされていたと考えられる。

　さて，本章の主題である学校教育の問題に目を向けると，教育制度そのものは全国ほぼ一律であり，義務教育としての小学校（基礎学校）8学年ののち，中学校3学年ないし4学年というのが標準的であった。その一方で，連邦国家らしく，カリキュラムや教科書には各共和国の独自性があらわれ，例えばクロアチアの歴史教科書であればクロアチア史を中心に，セルビアの歴史教科書で

あればセルビア史を中心に描くという点では，学習内容には大きな違いが見られた。それでも，戦前の支配層であるブルジョワジーに対する批判，第二次世界大戦におけるユーゴスラヴィアの「人民解放闘争」とそれを指導したチトー率いる共産党パルチザンへの高い評価，その結果としての戦後の社会主義体制の正当性の主張などは共通しており，歴史認識の違いはほとんど意識されていなかった。各共和国の歴史教科書の構成も似たようなものであった[1]。それが大きく変化するのは連邦解体の危機を迎えた1990年代に入ってからのことである。

2. 連邦解体後の各国の教育制度の変化

冒頭で述べたとおり，1992年までにスロヴェニア，クロアチア，マケドニア，ボスニア・ヘルツェゴヴィナはユーゴスラヴィア連邦からの分離・独立を宣言し，残ったセルビアとモンテネグロだけで新たな連邦国家（正式名称はユーゴスラヴィア連邦共和国）を形成することになったが，少なくともここで南スラヴ諸民族の統一国家としてのユーゴスラヴィアは消滅したといえる。

連邦解体後，各共和国の教育制度は大きく変化し，カリキュラムや教科書の内容の違いが顕在化した。教育制度に関しては復古的とも言えるのがクロアチアで，連邦時代の義務教育としての8年制の小学校という大枠をそのまま維持しつつ，1970年代から導入されていた職業教育を重視した基礎課程2年，専門課程2年からなる中等教育制度を廃止し，一般教育を行う4年制のギムナジウムと職業別の専門教育を重視した3年制ないし4年制の専門学校という伝統的な区分を復活させた。なお，職業教育を重視する中等教育改革は，クロアチア以外のユーゴスラヴィア連邦構成共和国でも同じ時期にほぼ一律に実施されていたが，いずれも連邦解体に前後して廃止され，ギムナジウム（あるいは単に中学校）と専門学校もしくは職業学校の区分が復活している。クロアチアでは，とくに小学校に関していえば，各学年に配当される科目も変わっていない。

その他の旧ユーゴスラヴィア諸国では，小学校は8年制から9年制に移行し

ており，各学年に配当される科目も大きく変わっている。なかでも後述するように，多くの国々で新たに「市民教育」が導入されていることが注目される。ボスニア・ヘルツェゴヴィナの場合，教育制度が全国一律でないうえに，8年制と9年制の小学校が併存してきた[2]。また，コソヴォの場合，初等教育5学年，前期中等教育4学年，後期中等教育3学年という，この地域では変則的な独自の制度を採用している[3]。

3. 各国の教科書制度

　教科書制度の全般的特徴として，第1に教科書・教材局と称する公的機関が事実上の国定教科書を刊行しているモンテネグロとボスニア・ヘルツェゴヴィナにおけるセルビア人共和国地区を除いて，教科書は地図帳等を含めて日本の文部科学省にあたる行政機関（省）の認可制で，複数の教科書出版社が数種類を刊行していることが挙げられる。ただし，学年・科目によっては教科書は1社1種類のみで，国定教科書と変わらない場合も珍しくない。

　第2に，教科書は一般的に学年・科目ごとに分けられており，それぞれに地図帳やワークブックが付随していることが多く，結果的に冊数が増え，価格も高くなる。教科書は有償の国が多いため，家計の負担となっている。クロアチアの事例を見ると，小学校8年生の必修科目はクロアチア語，美術，音楽，第一外国語，数学，生物，化学，物理，歴史，地理，技術，保健体育の12科目もあり，その教科書とワークブックを購入するだけで20冊以上となり，合計2万円を超える計算となる。これ以外にも選択科目があり，さらに地図帳や問題集があるため，実際の負担はさらに大きくなる。教科書・教材の古本市場が賑わうゆえんでもある。

　第3に，経済的影響もあり，教科書の種類は一時期より減る傾向にあることが挙げられる。この点では，再び国定教科書に戻ることを危惧する向きもある。例えば，ボスニア・ヘルツェゴヴィナにおける連邦地区では，2012年に採択された小学校9年生向けの歴史教科書が1種類だけになったという実例もある

（9年制に移行する前の同学年にあたる小学校8年生向け歴史教科書は3種類存在した)[4]。

　第4に，少数民族に対して翻訳版の教科書を刊行する場合が少なくない。例えば，マケドニアではマケドニア語で書かれた教科書の翻訳版がアルバニア語，トルコ語，セルビア語で刊行されており，セルビア，クロアチア，スロヴェニアにも同じような教科書の翻訳版が存在する。ただし，すべての教科書が必ずしもこれらの少数民族に配慮して記述しているわけではないこともあり，特定の集団のために独自の副読本が刊行される場合もある。また，多民族混住地域での教科書の特徴として，ボスニア・ヘルツェゴヴィナでは，同じ教科書に複数の文字を混在させて使用しているケースが見られる。もともとセルビア・クロアチア語はラテン文字でもキリル文字でも表記でき，実際にユーゴスラヴィア連邦時代には同じ新聞や雑誌でページごとに2種類の文字が切り替わることがあったことから，その延長上にあるとも言える。

　続いて，具体的事例として，クロアチアにおける教科書制度について見ていきたい。まず，クロアチアでは，日本の文部科学省にあたる科学・教育・スポーツ省が，原則として4年ごとに改訂・公示する「教科書目録」に基づき，各学校（各教員）が教科書を選択することとなっている[5]。また，特徴的なこととして，予備調査で教員の10%以上の採択希望がない教科書は「目録」から削除されるため，科学・教育スポーツ省による認可を受けたとしても，採択の対象とならない可能性さえある[6]。こうした制約は，教科書出版社の淘汰に結びついており，必ずしも主流でないビロテフニカ（Birotehnika）社，シスプリント（Sysprint）社などが排除されていっただけでなく，複数の教科書を出版してきたプロフィル（Profil）社のように自社の教科書が競合し，場合によっては共倒れ（いずれも「目録」から削除）となる事態さえ生じている。2010年度および2014年度の場合，小学校およびギムナジウムの歴史教科書の採択希望率は以下のとおりである（採択希望率の数値に下線が引かれているものは最終的に「目録」から削除されている）。

表2-1 2010年度 歴史教科書の採択希望率

出版社	小学校				ギムナジウム			
	5年	6年	7年	8年	1年	2年	3年	4年
Alfa	27.08	32.98	26.15	25.18	20.38	15.56	13.66	13.94
Meridijani	—	—	—	—	31.35	32.64	31.68	26.10
Profil (1)	24.20	19.09	16.16	17.73	23.65	8.16	14.85	19.12
Profil (2)	—	—	13.82	18.53	—	13.28	16.04	10.96
Sysprint	—	—	—	—	—	—	—	4.58
Školska knjiga	48.72	47.93	43.88	38.56	24.62	30.36	23.76	25.30

出所）Osnovna škola. Postotna zastupljenost za šk. god. 2010/2011.; Gimnazije. Postotna zastupljenost za šk. god. 2010/2011（http://public.mzos.hr/ 2016年2月26日閲覧）。

表2-2 2014年度 歴史教科書の採択希望率

出版社	小学校				ギムナジウム			
	5年	6年	7年	8年	1年	2年	3年	4年
Alfa	21.49	24.02	23.77	24.06	23.23	29.94	23.48	23.92
Meridijani	—	—	—	—	28.55	29.21	26.34	23.02
Profil (1)	34.48	6.93	39.45	31.16	19.33	13.86	7.35	8.81
Profil (2)	—	28.29	—	14.39	—	—	14.70	9.89
Školska knjiga	44.03	40.77	36.79	30.40	28.90	26.99	28.14	34.35

出所）Korigirana verzija postotne zastupljenost udžbenika i pripadajućih dopunskih nastavnih sredstava（http://public.mzos.hr/ 2016年2月26日閲覧）。

4. 社会科教育の特徴

　旧ユーゴスラヴィア諸国では，必ずしも社会科という教科があるわけではない。クロアチアの場合，日本でいう社会科に対応する科目として，小学校1～4年生を対象とする「自然と社会」，小学校5～8年生とギムナジウム1～4

年生を対象とする「歴史」と「地理」などが挙げられる。中等専門学校では，「歴史」や「地理」は 1～2 年しか学ばない場合もある[7]。また，ギムナジウムでも専門学校でも「政治・経済」や「倫理」などの科目がある[8]。

クロアチア以外の国々でも，小学校の低学年で正式名称は異なるものの「自然と社会」に該当する理科と社会をあわせた科目がある。その後，多くの国々では中学年で「社会」を 1～2 年ほど学び，さらに高学年で「歴史」と「地理」を 4 年間学ぶことになる[9]。また，クロアチア以外の国々では「市民教育」が正式科目として存在し，とくにスロヴェニア，モンテネグロ，マケドニア，コソヴォでは小学校高学年における必修科目となっている[10]。クロアチアでは「市民教育」の導入が最も遅れていたが，2010年に教本を作成するとともにカリキュラムの整備を進め，2012年から一部の小学校・ギムナジウムで実験的に導入しているが，今後どの程度定着していくのかは，まだ判断が難しい[11]。

5. 歴史教科書の特徴と問題点

続いて，いわゆる社会科の中でも近隣諸国との間で，また国内においてさえ論争が生じがちな「歴史」，とくに歴史教科書の何が問題か，クロアチアの事例を中心に考察したい。まず，1990年代以降のクロアチアの歴史教科書の特徴・問題点を取り上げることにする。

クロアチアでも日本の学習指導要領と同じようなガイドライン（正式名称は「教育プランとプログラム」だが，本章では便宜的に学習指導要領と呼ぶ）が存在し，これが歴史教科書の内容を大きく制限してきた。とくに独立直後の1990年代前半に制定された学習指導要領は，その成立時から多くの問題を孕むものであった。それはクロアチア・ナショナリズムが高揚する戦時下の特殊な時代状況の中で，必ずしも十分に議論を尽くさないまま作成されたものであった。内容的には，旧ユーゴスラヴィア連邦時代の学習指導要領を一定程度継承しつつ，そこでのユーゴスラヴィア史的な部分，すなわちユーゴスラヴィア形成の歴史やユーゴスラヴィアを構成していた諸民族の歴史を削除していることが最大の特

徴である。政治史を中心に世界史の内容と自国史の内容を交互に年代順に叙述していく手法には変わりがないが，かつては必然的にユーゴスラヴィア史的な部分を多く含むものであった自国史がもっぱらクロアチア史に置き換えられたのである。

　このようなユーゴスラヴィア史的な部分の大幅な削除は，歴史教育・教科書に抜本的な変化をもたらした。世界史とユーゴスラヴィア史とクロアチア史がバランスよく配置されていたように見えるそれまでの歴史教科書に対して，クロアチア史の占める比率が圧倒的に高くなったのである。こうした自国史の偏重が，この時期のクロアチアの歴史教科書の最大の特徴と言える。

　その原因のひとつは，1990年代半ばに導入された学習指導要領において古代史を除いて自国史（クロアチア史）と世界史の比率を60%：40%とすると定められていたことにあった[12]。こうしたクロアチア史への傾斜は，クロアチア・ナショナリズムの高揚を反映したものであるが，近隣諸国やマイノリティへの配慮がほぼ全面的に欠如していることに加え，世界史とクロアチア史を結合させるはずのユーゴスラヴィア史的な部分を意図的に削除したために，非常に断片的な内容となった。イタリアなど地中海地方および中央ヨーロッパからの文化的影響を重視する一方，クロアチアもユーゴスラヴィアの一部として帰属していたはずの南東ヨーロッパ，すなわちバルカン地域への視野を決定的に欠くこととなったのである。クロアチアの現在の地理教科書にも，「クロアチアは地理的にも社会的にも歴史的にもいわゆるバルカン諸国には属さない」[13]と明記しているものがあり，こうした認識こそが歴史教科書にも反映されていると考えることができる。

　ここでは，ユーゴスラヴィア諸民族の間で共通の帰属意識を生み出そうとしていた連邦時代の学習内容との違いを把握するために，1980年代に刊行されたクロアチアの小学校3・4年生向け「自然と社会」地図帳を取り上げたい[14]。この地図帳では，クロアチアだけでなくユーゴスラヴィア全土の地理や歴史に関する地図や写真・イラストが豊富に掲載されている。例えば，「同志チトー：現代の偉人」と題する項目では，1980年に亡くなるまでユーゴスラヴィ

アの終身大統領であったチトーが「ユーゴスラヴィア共産党書記長，人民解放軍の最高司令官および「新たな社会主義ユーゴスラヴィアの創設者」として位置づけられ，その活動が17枚の写真とともに詳しく紹介されている（pp.26～27）。現在の各国の歴史教科書でチトーの「個人崇拝」に対する批判的な記述が多いのとは対照的である。ちなみに，表紙の裏面にある各種地図のサンプルで取り上げられているのも，チトーの出身地であるクムロヴェツ周辺の地図である。これに対して，現在のクロアチアの「自然と社会」の教科書には，チトーに関する記述は全く見られない。戦間期のクロアチア人政治家スティエパン・ラディチのあとに登場にするのは，独立後の初代大統領フラニョ・トゥジマンとなっている[15]。また，現在でも「自然と社会」地図帳は刊行されているが，チトーを含めて，人物の紹介はいっさいない[16]。

　前述の小学校3・4年生向け「自然と社会」地図帳には，「文化的・歴史的記念物」と題する項目がある（pp.28～29）。ここに掲載されている写真18枚はクロアチアの文化遺産だけでなく，スロヴェニアのヴァチェ出土の青銅器，マケドニアのスコピエ近郊のローマ水道橋，コソヴォのプリシュティナ郊外のグラチャニツァ修道院など，当時のユーゴスラヴィア全土から選び抜いたものとなっている。むろん，これは国家の枠組みの問題であり，現在の各国の教科書で自国の文化遺産しか取り上げられないのはやむをえない面がある。

　また，同じ地図帳には，前述のチトーとも深く関連する「革命と人民解放闘争の記念物」と題する項目がある（pp.30～31）。クムロヴェツにあるチトーの生家とそこにあるチトー像を含めて，第二次世界大戦中の事件に関わる記念碑などの写真18枚が掲載され，こちらも当時のユーゴスラヴィア全土から選び抜いたものとなっている。現在では，ヤセノヴァツ収容所跡につくられた巨大なモニュメント「石の花」を除けば，こうした記念物が教科書や地図帳に取り上げられることは殆どない。なお，小学校3・4年生向け「自然と社会」には地方別の副読本が刊行されているが，1980年代までの副読本には第二次世界大戦に関する記述が非常に多く，モニュメントを含む写真・図版も豊富で，「人民解放闘争」に貢献した各地方の「人民英雄」の肖像画まで掲載されていた[17]。

しかし，現在の副読本では第二次世界大戦に関する記述自体が非常に限定的なものとなっている一方，1990年代の「祖国戦争」に関する詳しい記述があり，クロアチア軍や戦災を被った建物，「祖国戦争」のモニュメントなどの写真が掲載されている[18]。

このように，かつてユーゴスラヴィア全土の地理や歴史を紹介し，ユーゴスラヴィア諸民族の共通性あるいは連帯意識を高めようとしていたと思われる「自然と社会」の内容は大きく変わってしまった。クロアチアが国民国家として独立した結果として，それは不可避の事態であったかもしれないが，近隣諸国やマイノリティとの関係からすれば，決して肯定的に評価されるべき変化ではなかったように思われる。前述のとおり，こうした傾向・変化は歴史教科書により顕著に見られるのである。

1990年代以降のクロアチアの歴史教科書の特徴・問題点として，第2に挙げられるのは，いわゆる歴史修正主義的な傾向が顕著な点にある[19]。そもそも，こうした歴史修正主義的な傾向は歴史教科書に限ったことではなく，歴史学そのものの変化にも関わっている。共産党政権のもとでタブーとされてきたさまざまな歴史上の問題が自由に論じられるようになった結果，それまでの歴史観の修正を求める声が強まったという面もある。具体的には，次のような問題がある。まず，第二次世界大戦中にイタリアとドイツによってつくられた傀儡国家「クロアチア独立国」の再評価。かつてこの「独立国」を肯定的に評価することはありえなかったが，1990年代以降の歴史教科書では，その大前提として戦前のユーゴスラヴィア王国において民族的権利を奪われていたクロアチア人の独立への強い要望があったことが記されるようになった[20]。その後，こうした論調は弱められたが，なお『クロアチア百科事典』や映画の制作，スポーツ団体「ソコル」の復活など「独立国」時代の文化活動に一定の評価を行うものも少なくない[21]。また，第二次世界大戦末期のユーゴスラヴィア共産党率いるパルチザンの「蛮行」として，降伏したクロアチア軍兵士がオーストリアのブライブルク近郊でパルチザンに虐殺された「ブライブルクの虐殺事件」や，その後の数ヵ月にわたってユーゴスラヴィア各地の収容所に徒歩で移動させられ，

多くの犠牲者を出した「十字架の道行」と呼ばれる悲劇を関連地図や写真とともに詳しく描く教科書もある[22]。なお，こうしたパルチザンの「蛮行」をあばくことは「独立国」が行ったヤセノヴァツ収容所等におけるセルビア人やユダヤ人，ロマ（ジプシー）などの虐殺と並べて相対化する意味があるとの指摘もある[23]。

　第二次世界大戦後のユーゴスラヴィア連邦時代に関しても，共産党政権によるクロアチア人政治家・知識人の抑圧が強調されている。とくに「クロアチア独立国」に関与した疑いで裁かれ，有罪となったザグレブ大司教アロイジエ・ステピナツや共産党指導部にありながらクロアチア・ナショナリズムを代弁して党を除名・投獄され，獄中死したアンドリヤ・ヘブラングらを擁護する記述が見られる。両者とも，すでに1990年代前半にクロアチア議会が名誉回復を行なっているが，なおステピナツに関してはセルビアから批判的に見られており，最近でもローマ教皇庁がステピナツを聖人として認めようとする動きをセルビアのニコリッチ大統領が牽制するなど，論争が続いている[24]。

　さらに，前述のとおり，1980年代までの歴史教科書では特別視されていたチトー大統領に関しても，その「個人崇拝」が批判的に描かれるようになっている[25]。もっとも，これはクロアチアに限ったことではなく，他の旧ユーゴスラヴィア諸国にも見られる現象である[26]。

　続いて，1990年代以降のクロアチアの歴史教科書の特徴・問題点として，第3に挙げられるのは，評価の定まらない現代史の諸事件，とくに旧ユーゴスラヴィア紛争に関して，非常に詳しい記述が見られることである。この紛争に関するクロアチアの公式見解は「大セルビア主義的な侵略行為」に対する国土防衛・解放のための「祖国戦争」というものであり，2000年にはクロアチア議会が「祖国戦争に関する宣言」を決議して，こうした位置づけを確認している[27]。しかし，このこと自体，紛争の発端をクロアチア国内のセルビア人を抑圧しようとしたクロアチア政府の責任に帰し，そこから生じた「内戦」とみなすセルビアの公式見解とは大きく異なるものであり，これもまたクロアチアとセルビアの関係を悪化させる要因となっている[28]。クロアチアの歴史教科書には総じ

て犠牲者としてのクロアチア像が描かれることが多く，実際には甚大な被害を出したクロアチア在住セルビア人の問題が軽視されるなど，必ずしも客観的とは言えない面があることも確かである。

6. 歴史教科書問題の克服の試み

　クロアチアが抱える歴史教科書問題は，他の旧ユーゴスラヴィア諸国はもとより，それ以外のバルカン諸国でもかなりの程度共有されるものであり，1990年代末から，これらの解決・克服をめざす国際的な取り組みが積極的になされてきた。バルカン域外の研究機関やNGOを含む，あるいはそれらが主体となった多国間の取り組みである。その活動成果と限界について，最後に考えてみたい。

　各国の研究者・教育者らが集まり，さまざまなシンポジウム，学術会議等，歴史教科書問題などを討議する機会が頻繁に設けられ，少なくとも近隣諸国の実情を知り，歴史認識の違いを理解するための土台が形作られた。オーストリアのグラーツ大学にあったバルカン社会文化研究センターが進めた「南東欧の歴史と歴史教育」プロジェクト，ドイツのポツダムを本拠地とするフリードリヒ・ナウマン財団が主催した南東欧諸国の「歴史家対話」プロジェクトなどに加えて，現在まで大きな成果を挙げつつ活動を継続してきたのが，ギリシアのテッサロニキに本拠地を置くNGO「南東欧の民主主義と和解のためのセンター」（CDRSEE）である[29]。CDRSEEは，2002年に各国の歴史教科書の実情なども含む論文集『バルカンのクリオ』[30]，2005年にバルカン近現代史の共通教材として利用することを想定したワークブック『バルカンの歴史』[31]を刊行しており，後者は最近になって日本語訳も出版された[32]。これにはクロアチア語版もあり，さらに「1945年以降」と「1989年以降」を対象とする新たな共通教材を作成する計画も進行中である[33]。

　一方，クロアチア国内でも，2006年に新たな学習指導要領が導入され，教科書の内容が大幅に自由化された[34]。これをうけて，歴史教科書にも変化が見ら

れる。もっとも，それは教科書の多様化にはつながったが，依然としてクロアチア・ナショナリズムを強く反映する教科書も存在し，一定のシェアを確保している。最近では2014年に歴史教科書の新規採択が行われたが，デジタル教科書の登場が目につく一方[35]，すべての歴史教科書がそれ以前からあるものの改訂版でしかなく，内容上も大きく変わってはいないように見える。なお，地図帳に関しては，コスト面を考慮してか，これまで学年ごとに分冊となっていた地理地図帳，歴史地図帳のいずれも，小学校で各1冊，ギムナジウムで各1冊に再編されたことが画期的であるが，こちらも内容上の変化は見て取れない。

7. 歴史教科書問題は解決したのか

　それでは，こうした取り組みによって，歴史教科書問題は解決したのであろうか。結論を先に言えば，なお根本的な解決には至っていないように見える。
　まず，第1の問題，すなわち自国史の偏重という問題に関しては，新たな学習指導要領によって自国史（クロアチア史）の目安を60%とする制約がなくなったことから，一部の教科書ではその比率が40%未満にまで低下しているが，なお従来どおりにクロアチア史偏重のものもあり，判断が難しい。
　2013年7月にクロアチアのEU加盟が実現したこともあって，現在の歴史教科書ではヨーロッパにおけるクロアチアの位置づけがより明確に記載されるようになった面がある。しかし，近隣諸国を含む広範な「地域史」への視点が復活したわけではなく，その点はなお改善が求められるように思われる。
　なお，歴史教科書の多様化は一部の歴史教育の専門家からは歓迎されても，マスコミや世論を通じて批判に晒されることが多く，教育現場からさえ常に肯定的に評価されているわけではない。歴史研究者の間でも，クロアチア史を軽視するかのような動きを激しく非難するグループがあるという。最近では，クロアチア独立の立役者であり，2015年末まで最大野党として社会民主党政権に対抗してきたクロアチア民主同盟から，民族主義的かつ反共産主義的な観点から歴史教科書の書き換えを求める声が上がっていることが注目される[36]。同党

のトミスラヴ・カラマルコ党首自らチトーを「犯罪者」と断罪し，共産党政権時代のクロアチア人政治家らの弾圧・粛正をあらためて非難するとともに，共産党を継承する社会民主党政権の「ユーゴノスタルジー」を批判するなど，過激な言動が目につく[37]。これは2000年代のクロアチアがEU加盟をめざして国際協調路線をとっていた時期には少なくとも表面化することはなかった事態であり，1990年代に逆行する危険な兆候にも見える。これは第2の特徴として指摘した歴史修正主義的な傾向および第3の特徴として指摘した現代史の諸事件を歴史教科書に過度に取り込もうとする傾向がなお顕著に見られることを示しており，クロアチア民主同盟を中心とする中道右派政権が発足した現在，歴史教科書問題の解決は短期的には容易ではないと考えられる。

おわりに

　連邦解体後，旧ユーゴスラヴィア諸国の社会科教育は多様化したが，そこに各国のナショナリズムの影響が顕著に見られることは大きな問題であろう。社会，地理，歴史のいずれの教科書においても，歴史認識や国境問題など，新たな対立を生み出しかねない記述が目につく。結局，さまざまな国際的な取り組みにもかかわらず，とりわけ歴史教科書が抱える本質的な問題は改善されておらず，近隣諸国・諸民族との融和をうながすものとなっていない。彼らが共通の歴史的・文化的背景を持つことを再認識し，相互に協力して問題を改善していく努力が必要であろう。日本を含む東アジアの国々にとっても，そこから学ぶべきことは多いように思われる。

【注】
1) 　Snježana Koren, Magdalena Najbar-Agičić , "Slika naroda s prostora prijašnje Jugoslavije u hrvatskim udžbenicima povijesti," *Dijalog povjesničara-istoričara*, vol.6, Zagreb, 2002, p.131.
2) 　ボスニア・ヘルツェゴヴィナは大別してボスニア・ヘルツェゴヴィナ連邦と

セルビア人共和国で構成され，それぞれ独自の教育制度を持っている。また，ボスニア・ヘルツェゴヴィナ連邦は10州（カントンないしジュパニヤ）からなり，それぞれに文部科学省にあたる行政機関（省）が存在し，教科書の認可などを行っている。
3) Zakon Br. 04/L-32 o preduniverzitetskom obrazovanju u Republici Kosovo, *Službeni list Republike Kosova* / Br. 17 / 16 Septembar 2011, Priština.
4) Federalno ministarstvo obrazovanja i nauke, *Spisak odobrenih radnih udžbenika, udžbenika, priručnika, radnih listova i zbirki zadataka za osnovne škole, gimnazije i srednje tehničke i stručne škole u školskoj 2015/2016 godini.*（http://www.fmon.gov.ba/ 2016年2月26日閲覧）．
5) 独立後最初の抜本的な学校教科書に関する法律の改正がなされたのは2001年であり，その後しばらくは「教科書目録」は毎年更新されていたが，現行法（Zakon o udžbenicima za osnovnu i srednju školu, *Narodne novine*, br. 27, 02.03.2010.）が定められた2010年度以降は4年に1回となっている（近年では2010年と2014年）。
6) 2001年の学校教科書に関する法律では，3年後に採択率10%未満の教科書を最終的な「教科書目録」から削除することが明記されていたが（Zakon o udžbenicima za osnovnu i srednju školu, *Narodne novine*, br. 117, 24.12.2001.），その期限は2005年度まで延期された（Zakon o izmjenama i dopunama Zakona o udžbenicima za osnovnu i srednju školu, *Narodne novine*, br. 59, 09.04.2003.）。その間，教科書は増え続け，2005年度の小学校歴史教科書は5年生向け7種類，6年生向け6種類，7年生向け7種類，8年生向け6種類となっていた（Osnovna škola. Popis odobrenih udžbenika za šk. god. 2005./2006.）。しかし，2006年の新たな学校教科書に関する法律（Zakon o udžbenicima za osnovnu i srednju školu, *Narodne novine*, br. 36, 31.03.2006.）によって，採択率10%以上の既存の教科書3種類までに加えて，新たに認可された教科書は採択率に関わりなく「教科書目録」に掲載されることとなり，2006年度の小学校歴史教科書は，5年生向け6種類（すべて新たに認可されたものであったため），6年生向け3種類（3種類削除），7年生向け3種類（4種類削除），8年生向け3種類（3種類削除）に減少した（Osnovna škola. Popis odobrenih udžbenika za šk. god. 2006/2007. Podaci o postojnoj zastupljenosti za šk. god. 2006./2007. izračunati na osnovu 98.7% obrađenih OŠ（913））。2009年に法律が一部修正され（Zakon o izmjenama i dopunama Zakona o udžbenicima za osnovnu i srednju školu, *Narodne novine*, br. 152, 24.12.2008.），採択率が高くとも3種類

までしか「教科書目録」に残さないという制約が撤廃されたが，2010年に採択された現行法（前出）では，新たに認可された教科書に関する特例が廃止され，教科書の種類の増加は抑えられている。
7）　一般的に，4年制の専門学校では1・2年で，3年制の専門学校では1年でのみ「歴史」を学ぶ。また，経済系・観光系を除く専門学校では，1・2年でのみ「地理」を学ぶ（観光系の専門学校では3・4年に「観光地理」が配置されている）。
8）　「政治・経済」（4年）や「倫理」（1～4年）以外にも，「心理学」（2・3年），「社会学」（3年），「哲学」（4年），「論理学」（3年），「宗教」（1～4年）などがある。
9）　スロヴェニア，モンテネグロ，マケドニアでは小学校4・5年に，ボスニア・ヘルツェゴヴィナでは小学校5年に「社会」がある。これらの国々では，小学校6～9年に「歴史」と「地理」がある。クロアチアと同じく小学校が8年制のセルビアでは，5～8年で「歴史」と「地理」を学ぶ。
10）　スロヴェニアでは小学校7・8年で「市民教育」に相当する「市民文化と倫理」が必修科目となっている。また，モンテネグロでは小学校6・7年で，マケドニアでは小学校8・9年で，それぞれ「市民教育」が必修科目となっている。
11）　*Kurikulum građanskog odgoja i obrazovanja*, Zagreb: Agencija za odgoj i obrazovanje, 2012.
12）　Magdalena Najbar-Agičić et al., "Nastava povijesti u Republici Hrvatskoj i njezina zloupotreba," Sabrina P. Ramet et al. eds., *Demokratska tranzicija u Hrvatskoj: transformacija vrijednosti, obrazovanje, mediji*, Zagreb: Alinea, 2006, p.178.
13）　Dragutin Feletar et al., *Geografija 4: udžbenik za četvrti razred gimnazije*, Samobor: Meridijani, 2014, p.11.
14）　Velimir Dorofijev et al., *Atlas prirode i društva za treći i četvrti razred osnovne škole*, Zagreb: Školska knjiga, 1987.
15）　Tamara Kisovar Ivanda et al., *Naš svijet 4: udžbenik prirode i društva u četvrtom razredu osnovne škole*, Zagreb: Školska knjiga, 2015, p.82, 88.
16）　Daniela Bertić et al., *Moja domovina Hrvatska: atlas prirode i društva*, Zagreb: Školska knjiga, 2000; Tomislav Kaniški, *Moj prvi atlas: atlas za prirodu i društvo za treći i četvrti razred*, Zagreb: Školska knjiga, 2008.
17）　例えば，ダルマチアの中心都市スプリトとその周辺地域に関する副読本には，こ

の地方で活動した18名の「人民英雄」の肖像画(イラスト)が掲載されている。Marija Skansi et al., *Split i okolni krajevi: priručnik za učenike*, Zagreb: Školska knjiga, 1987, pp.73-78.
18) とくに旧ユーゴスラヴィア紛争で戦闘地域となった地方ではこの傾向が強く,ドゥブロヴニク=ネレトヴァ県に関する副読本は「祖国戦争」だけでも8頁をあて,ドゥブロヴニク旧市街の被弾・炎上など戦争被害を強調する7枚の写真を掲載している(この副読本には第二次世界大戦に関する写真は1枚もない)。Josip Lučić, *Dubrovačko-neretvanska županija. Priručnik za zavičajnu nastavu*, Zagreb: Školska knjiga, 1996, pp.79-86.
19) ここでいう歴史修正主義とは,あくまで通俗的な意味であって,自らの主張に従うように事件の誇張や捏造,抹消さえしながら過去に関する記述を修正しようとするものを指す。
20) Ivo Perić, *Povijest za VIII. razred osnovne škole*, Zagreb: Alfa, 1998, p.68.
21) Hrvoje Petrić et al., *Povijest 4. Udžbenik iz povijesti za 4. razred gimnazije*, Samobor: Meridijani, 2014, p.127.
22) Stjepan Bekavac et al., *Povijest 8: udžbenik za osmi razred osnovne škole*, Zagreb: Alfa, 2008, pp.129-132. 同じ教科書の2014年改訂版では写真の縮小などにより当該箇所の頁数が減らされている(pp.106-107)。
23) Snježana Koren, "Nastava povijesti između historije i pamćenja. Hrvatski udžbenici povijesti o 1945. godini," Sulejman Bosto et al. eds., *Kultura sjećanja: 1945. Povijesni lomovi i svladavanje prošlosti*, Zagreb: Disput, 2009, pp.239-263等参照。
24) Nikolić : Zahvalnost zbog Kosova, zabrinutost zbog Stepinca, *Radio-televizija Srbije*, 28.05.2015(http://www.rts.rs/ 2016年2月26日閲覧)。
25) Krešimir Erdelja et al., *Koraci kroz vrijeme 4: udžbenik povijesti u četvrtom razredu gimnazije*, Zagreb: Školska knjiga, 2014, p.248等参照。
26) 例えば,セルビアの歴史教科書 Mira Radojević, *Istorija IV. Udžbenik za treći razred gimnazije prirodno-matematičkog smera, četvrti razred gimnazije društveno-jezičkog smera i opšteg tipa i četvrti razred srednje stručne škole za obrazovne profile pravni tehničar i birotehničar*(Beograd: Klett, 2014, pp.371-372)にも「チトーの個人崇拝」と題する項目がある。
27) Deklaracija o Domovinskom ratu, *Narodne novine*, br. 102, 17.10.2000.
28) クロアチアとセルビアは旧ユーゴスラヴィア紛争における大量虐殺をめぐってハーグの国際司法裁判所に相互に告発していたが,2015年2月3日,いずれも棄却される結果となった。AFPBB News, 2015年2月4日(http://www.

afpbb.com/ 2016年2月26日閲覧)。
29) こうした取り組みの概要については、柴宜弘「歴史教育から見た和解の試み――国民史を超えられるか」、柴宜弘編『バルカンを知るための65章』明石書店、2010年 (第3刷)、335-339頁を参照。
30) Christina Koulouri, ed., *Clio in the Balkans. The Politics of History Education*, Thessaloniki: CDRSEE, 2002.
31) Christina Koulouri, ed., *Teaching modern Southeast European History. Alternative educational materials*, 4 vols., Thessaloniki: CDRSEE, 2005.
32) 柴宜弘監訳『バルカンの歴史――バルカン近現代史の共通教材』明石書店、2013年。
33) News: Editors review the first selection of sources for two new history workbooks 1945-2008 (http://cdrsee.org/news-1-182.html 2016年2月26日閲覧)。
34) *Nastavni plan i program za osnovnu školu*, Zagreb: Ministarstvo znanosti, obrazovanja i športa, 2006. その導入前の解説書として *Guide to the Croatian Educational Standards for Primary Schools* (Zagreb: Ministry of Science, Education and Sports, 2005) がある。
35) プロフィル・クレット (Profil Klett) 社の小学校教科書を購入すると、多くの場合、デジタル版がダウンロードできるようになった。専用アプリが必須なこともあり、なお実用度には疑問がある。
36) Tomislav Đonlić : HDZ će mijenjati povijesne udžbenike -Tito je out, a Domovinski rat je in, *HRsvijet.net*, 07.09.2014 (http://hrsvijet.net/ 2016年2月26日閲覧)。
37) TOMISLAV KARAMARKO: 'Ljevica i socijaldemokracija u Hrvatskoj ne postoje. Postoje jugofilija i jugonostalgija', *Večernji list*, 15.06.2014 (http://www.vecernji.hr/) ; KARAMARKO: Josip Broz Tito je samo zločinac!, *Dubrovački vjesnik*, 23.08.2014 (http://dubrovacki.hr/ 2016年2月26日閲覧)。

第二部
地域アイデンティティと社会科教育

第3章

欧州統合とポルトガルの歴史教科書
―「欧州」はどのように表象されているか―

はじめに

　第二次世界大戦の終結後，幾多の危機を迎えながらも，高度な政治統合を断続的に実現させ，現在では「超国家機関」とも形容されるEUは，各加盟国の政治や社会に多大な影響を及ぼしている。多くのEU研究者は，EUにおいて確立された制度，政策，規範が加盟国に適用される過程を「欧州化」（Europeanization）と呼んできたが，今日では種々の領域において同現象の進展が確認される[1]。

　一部先行研究によると，「欧州化」現象は，各国の初等教育課程や中等教育課程における歴史教育に関する制度や，そうした制度のなかで刊行されている歴史教科書においても見受けられる[2]。教育分野を含むさまざまな分野において加盟国間の協力が進展し，EUが政治体としての完成度を高めたことにより，各国の歴史教科書におけるEUに関する記述が物理的に増加しているばかりで

なく，教科書内において，それまで「我々」として自明視されてきた「自国」や「自国民」と並び[3]，新たな「我々」として，「欧州」や「欧州人」が登場するようになっていると指摘されている。

しかしながら，そうした「欧州化」の進展は，EU各国において育まれてきたナショナル・アイデンティティの衰退を必ずしも意味するものではないのではないかと考えられる。ナショナル・アイデンティティと欧州アイデンティティの関係は常に相互排他的ではなく，ナショナル・アイデンティティに基づく世界観のなかで，「欧州」が受け入れられるようになったに過ぎない場合もある[4]。本研究では，南欧の一国ポルトガルの例をもとに，歴史教科書の「欧州化」が何を示唆しているのかについて分析することで，この点について明らかにしたい。

ポルトガルは，1986年，隣国スペインとともにEEC（欧州経済共同体）に加盟を果たした。同国のEECへの参加は，1970年代中盤の独裁体制の終焉ならびに植民地帝国の崩壊の過程と密接な関連性を有していた。1950年代に欧州統合が開始された際，独裁体制下にあったポルトガルは，アフリカ植民地における排他的通商圏の維持を目的に，欧州統合には加わろうとしなかった。しかし，1970年代中盤，同国はEEC諸国からの圧力もあり，民主主義体制への移行を実現させた。さらに，この民主化の過程において，同国は全てのアフリカ植民地諸国の独立を承認した。

このような背景から，ポルトガル国内には，EUは植民地に代わる経済的な拠り所であるとの認識が存在する。こうしたポルトガル人にとっての独自の欧州統合観が，同国の歴史教科書が「欧州化」するなかでも少なからず反映されているものと推測される。欧州統合問題のような自国の歴史にとっての重要事項については，全国紙の新聞等と同様，歴史教科書のなかでも，社会的に構築された国民の一般認識が表象されているのではないかと考えられるためである[5]。

以下では，まずEU加盟国の歴史教科書のあり様に大きな影響を及ぼしていると考えられる教育分野（特に初等・中等教育課程）における欧州統合の進展状況について考察し，加盟国の歴史教科書の「欧州化」がいかにして生じてい

るのかについて理解を深める。続いて，欧州統合をめぐるポルトガルの歴史について概観し，その基本的特徴を把握する。その後，そうした欧州統合との関係の歴史やそれをもとに形成された欧州統合についての認識が，同国の初等教育課程および中等教育課程における歴史教育に関する制度や，その制度のもとで刊行される歴史教科書にどのように反映されているのかについて検討したい。

1. 教育分野における欧州統合の発展と教育政策の「欧州化」

　1950年代，ECSC（欧州石炭鉄鋼共同体），EURATOM（欧州原子力共同体）とともに，欧州諸国間の「共同市場」の創設を目的とし，EECが誕生した。このEECが発足した当初，同機関内で実施可能な教育分野における協力は，労働者の職業訓練や，科学技術協力と密接な関連性を有する高等教育の分野等，一部の分野に限定されていた[6]。しかし，1960年代末頃より，政治体としてのさらなる「深化」を目的とし，EEC諸国は，初等教育や中等教育を含むより広範な分野における協力の可能性について模索するようになった。その結果，例えば1971年以降，各加盟国の教育担当大臣による閣僚理事会が開催されるようになったほか，1973年には，EECの行政府である委員会の内部に，「研究・科学・教育局」と称する教育一般に関する部局が設置されることとなった。

　さらに同時期には，ベルギーの元教育大臣アンリ・ジャンヌ（Henri Janne）により，報告書「教育に関する共同体政策のために」（ジャンヌ報告書）が作成された。同報告書のなかでは，「欧州人」としての共通意識を醸成すべく，学校教育に関する政策全般において加盟国間の協力を展開する必要があると強調された。象徴的な次元から「欧州」の一体性の強化を図るべきであると唱えられたのである[7]。

　上記のような教育分野における統合の推進に対しては，慎重姿勢をとる加盟国政府も存在した。しかし，1980年代後半に入り，欧州統合全般が再加速化すると，各加盟国の高等教育機関に所属する学生や教員の交流の促進等を盛り込んだ「エラスムス」が開始されるなど，教育分野における協力にも進展が見ら

れるようになった。そしてそのような文脈から，1988年，加盟国の教育担当大臣は，初等教育課程や中等教育課程を含む全課程において「欧州の次元における教育」を促進することに合意した。

さらに，1993年のマーストリヒト条約の発効により，はじめて欧州統合の基本条約のなかに「教育」に関する条項が挿入されることとなった。このマーストリヒト条約により，EU（同条約により成立）は，「特に加盟国の言語の習得や普及を通し，欧州の次元における教育を発展させること」（マーストリヒト条約第126条第2項）を目的とした活動を行うことが可能となった。

これに基づき，EUは，教育に関する総合的な行動計画「ソクラテスI」を展開したが，同計画には，初等教育や中等教育に関するものも含められていた。さらに，その後に打ち出された「ソクラテスII」や「生涯学習プログラム」では，初等・中等教育のみを対象とした計画「コメニウス」が開始された。このコメニウスでは，EUの次元における学校間連携の強化がひとつの目標として掲げられ，その目標を達成すべく，数々のプロジェクトが実施されることとなった。複数の加盟国の学校が交流を深め，教授方法等について知識を共有する「学校発展計画」がその一例である。

ただし，マーストリヒト条約（第126条第1項）に，EU共通教育政策の推進に際しては，「教育内容や教育制度の組織に対する加盟国の責任，ならびに加盟国の文化的，言語的多様性を十分に尊重」すべきであると明記されているように，EUの役割は，各加盟国の教育政策を必要な場合に補完することであると規定されている。したがって，現時点のEUには，各国の歴史教育において欧州統合についてどの程度学ばせ，歴史教科書のなかに欧州統合に関する内容をどのように記載すべきかを定める権限は付与されていない。

とはいえ，そうしたEUの公式の制度以外の面では，各加盟国の教育委員会をはじめとした教育関連団体による会合が開催され，教育内容について調整が行われるなどの協力が行われている[8]。その結果，EUとの関係のあり様や教育をめぐる制度の相違等により差があるものの，一部の加盟国における初等教育課程や中等教育課程の歴史教科書において，EU関連の歴史的事実に関する

記述やEUを中心的主体とした記述の増加が見られるようになった[9]。このように，EUのもとで設定された目標である「欧州の次元における教育」がひとつの社会規範となり，加盟国の教育制度に影響を及ぼしたことにより，歴史教科書の「欧州化」が生じることとなったのである。

2. ポルトガルの歴史における「欧州」

　以上のような教育分野における統合は，ポルトガルの歴史教育にいかなる変容をもたらしているのであろうか。この点について考察する前に，欧州統合に関する同国の歴史，およびそうした歴史に基づき形成されているポルトガル国民の欧州統合に対する一般的な認識について論じておきたい[10]。

　ポルトガルは，大陸欧州の最西端に位置する国である。そうした地理的条件を有する同国の対外関係は，大西洋沿岸に位置する（旧）植民地（諸国）との関係を優先すべきか，あるいは欧州諸国との協調や統合を重視すべきか，すなわち「大西洋」か，それとも「欧州」か，という二項対立の構図によって歴史的に捉えられてきた。そしてそのようななかで，長らく優先されてきたのは，

表3-1　基本年表

1139年	ポルトガル王国成立
1415年	北アフリカ・セウタ攻略（海外進出開始）
1822年	ブラジル独立
1910年	第一共和制成立
1926年	第一共和制崩壊
1933年	サラザール体制成立
1961年	アフリカ植民地戦争勃発
1968年	カエタノ体制成立
1974年	4月25日革命によりカエタノ体制崩壊（アフリカ植民地諸国独立へ）
1976年	民主主義体制に移行
1977年	EEC（ならびにECSC，EURATOM）に加盟申請
1986年	EEC（ならびにECSC，EURATOM）に加盟
1993年	EU発足（ポルトガルも参加）
1996年	ポルトガル語諸国共同体（CPLP）発足（ポルトガルも参加）

「大西洋」であったと理解されている（表3-1参照）。

　15世紀以来，同国では，「大西洋帝国」の名のもと，欧州以外の地域に植民地を保有することで，強大な他の欧州諸国への従属を回避すべきとの考えが支配的であった。反対に，自国の独立を喪失する結果に繋がりかねないため，他の欧州諸国との協調には消極的であった。

　それゆえ，1950年代に大陸欧州6ヵ国の間で欧州統合が開始された際，ポルトガル政府は統合に不参加の立場をとった。1933年以来，ポルトガルでは，サラザール首相（1933～1968年），カエタノ首相（1968～1974年）による独裁体制下にあったが，同体制のもとでは，アフリカ植民地における排他的権益の維持が国家にとっての最優先事項のひとつとして挙げられていた。ゆえにポルトガル政府は，植民地における通商協力をも統合計画のなかに含めていたEECには参加することはできないと判断したのである。

　しかしながら，1960年代後半に入ると，アフリカ植民地戦争の長期化や，EEC諸国との通商関係の深化により，ポルトガル人の関心は次第に「大西洋」から「欧州」へと変化した。EECは，新たに加入を希望する国々に対し，民主主義体制を導入していることを参加の条件として課していた。その結果，1974年，4月25日革命により独裁体制が崩壊し，アフリカ植民地が解放されると，1976年，民主主義体制への移行が図られた。そして翌1977年，ポルトガル政府はEECに加盟申請を行い，それから9年後の1986年，同機関への参加を実現させた。

　EECに加盟したのち，ポルトガル経済は，同機関から多額の支援を得たこともあり，安定的な成長を達成するとともに，民主主義を定着させることに成功した。EECはその後，EC（欧州共同体），EUへと発展を遂げたが，ポルトガルはその過程にも積極的に加わっていった。

　ただし，このような欧州統合過程への参加は，旧ポルトガル領植民地諸国との関係の「断絶」を意味していたわけではなかった。ポルトガルは，1996年に創設された国際機関「ポルトガル語諸国共同体（CPLP）」の枠組みのなかで，ブラジル，アンゴラ，モザンビークといった旧ポルトガル領植民地諸国との間

でさまざまな協力活動を実施している[11]。とはいえ，現在のポルトガル政府が，「大西洋か，欧州か」という二項対立の世界観を保持しながら，「欧州」を優先する立場をとっていることは疑いないものと理解されている。

以上のような欧州統合との関わり合いの歴史は，同国国民のナショナル・アイデンティティや，それに基づき形成される世界観のあり方にも少なからず影響を及ぼしている。そしてその世界観は，同国国民に固有の欧州統合像を創り上げている。EU市民は，それぞれの国や地域の歴史により，同機関に対して異なる印象を抱くと言われているが[12]，ポルトガル国民の多くは，上記のような歴史的背景から，EUを，民主主義の象徴と見なしていると同時に，長らく保有していたアフリカ植民地に代わる新たな経済的な拠り所と捉えているのである[13]。

3. ポルトガルの教育制度の「欧州化」

次に，ポルトガルにおいて，初等教育課程ならびに中等教育課程の歴史教科書の内容を規定する教育制度が，欧州統合の進展によりどのような影響を受けているのかについて考察する[14]。独裁体制成立後のポルトガルは，概して教育政策に重きを置かず，したがって義務教育期間も短かった。そうした方針は識字率にも反映され，同国の非識字率は長らく高水準にあった。

しかしながら，1960年代以降，国内の第二次産業，第三次産業の成長とともに，教育の重要性が認識されることとなった。その結果，義務教育期間は徐々に延長され，1967年には6年間に改められた。民主主義体制に移行したのち，教育制度は抜本的に改正された。EEC加盟と同年の1986年には教育基本法が制定され，義務教育期間についても，1996年に9年に，2009年に12年に延長された。このような教育への注力の結果，1980年代以降，同国の識字率は飛躍的に上昇した。1980年代には18.6％を記録していた非識字率は，2011年には5％程度にまで下落した（表3-2参照）。

表 3-2　非識字率の推移

1981年	1991年	2001年	2011年
18.6	11.0	9.0	5.2

出所）pordata

　現在のポルトガルの教育課程は，9年間の基礎教育課程と，3年間の第二次教育課程，それ以後の高等教育課程に分類される。このうち，基礎教育課程は，第1期（4年間），第2期（2年間），第3期（3年間）の3期間からなる。第二次教育課程は，いくつかの専攻に分かれているが，多くの学生は「科学・人文学専攻」を選択している。義務教育期間である基礎教育課程と第二次教育課程の各学年は，第1学年，第7学年，第12学年等，一貫した通し番号で呼ばれるのが一般的である。

　このような基本教育制度を有するポルトガルであるが，同国も他のEU加盟国と同様，欧州統合の進展とともに自国の教育政策に変化を加えてきた。例えば1992年，大統領の諮問機関である国家評議会により，「教育に関する国家評議会勧告1992年第2号」が出されている。同勧告には，以下の文言が含まれている。「21世紀初頭，欧州人であるということは，人や文化の移動，交流，対話が，革新や創造を生み出す最重要な要因となる広大な多文化空間へ参加することである」ことから，全ての教科においてそれに対応する必要がある。そのために必要なことは，「欧州学校を創設することではなく，移動に対して有利な条件を与えること，異なる諸国の課程を評価可能にすること，教育機関間の交流により相互的な利益が得られるようにすること」であり，「国（や地域や地方）への帰属が欧州への帰属の足かせになってはならない」。

　以上に見られるような基本的立場は，同国の歴史教育の学習指導要領にも反映されている[15]。第6学年（日本における初等教育課程6年次）の「歴史と地理」の学習指導要領を例にとって見てみると，「20世紀のポルトガル」という章には，単元3として，「1974年4月25日革命と民主主義体制」が設けられている。そして同単元において学習すべきこととして，以下の項目が挙げられている。

単元3：1974年4月25日革命と民主主義体制
① 1974年4月25日の軍事クーデターの原因を理解する
② 体制の民主化と脱植民地化の段階に応じた1974年4月25日革命の影響を理解する
③ 民主主義体制の権力機関について理解する
④ 今日のポルトガルが達成したことや，直面する困難，課題について考察する

このうち，「④ 今日のポルトガルが達成したことや，直面する困難，課題について考察する」の項を見てみると，以下の到達目標が掲げられていることが確認される。

1）民主化がポルトガルの国際的威信の源であることを認識する
2）欧州経済共同体への加入がポルトガルにおける民主主義の定着や国の近代化に貢献していることを認識する
3）EEC加盟後のポルトガルの近代化を証明する要素を挙げられるようにする
4）ポルトガル人の生活条件，特に大衆の保健や教育へのアクセスに関し，確認される進展を例示できるようにする

このように，同項には，欧州統合がポルトガルの民主化や近代化に影響を及ぼしたことについて理解させるべきであると明確に掲げられている。また，この「20世紀のポルトガル」の章には，「ポルトガルが加わっている空間」という単元（単元5）も存在する。そこで掲げられている具体的な学習項目は下記のとおりである。

単元5：ポルトガルが加わっている空間
① ポルトガルが加わっている国際機関の一つ欧州連合（EU）について理解

する
　② ポルトガルが加わっている他の国際機関について理解する

このうち、「① ポルトガルが加わっている国際機関の一つ欧州連合（EU）について理解する」という部分について見てみると、以下の課題が記載されている。

　1）EUを構成する国々を認識する
　2）EU創設をもたらした主要目的について言及する
　3）EUの拡大過程について認識する
　4）欧州の主要機関について認識する

「20世紀のポルトガル」に関する教育のなかで、EUがひとつの単元において大きな比重を占めていることに示されるように、ポルトガルの歴史教育にも欧州統合の影響が少なからず見受けられる。とはいえ、そうした「欧州」に関する教育は、ポルトガル独自の歴史的文脈に沿った形で行われているということが、同単元の次の項目から理解できる。「② ポルトガルが加わっている他の国際機関について理解する」には、以下の条項が存在する。

　1）国際連合の創設の基本的な目的について認識する
　2）いくつかの国際連合の非加盟国について言及する
　3）国際連合に統合されているいくつかの機関（UNICEF, FAO, UNESCO等）について言及する
　4）ポルトガル語公用語アフリカ諸国（PALOP）がどこにあるのかを理解する
　5）ポルトガル語諸国共同体の国々がどこにあるのかについて理解する

上記のとおり、この項目においては、国際連合と並ぶ重要な国際的枠組みとして、ポルトガル語公用語アフリカ諸国との関係やポルトガル語諸国共同体と

の関係が挙げられており，旧植民地諸国との関係に関する部分が大きな比重を占めている。何より重要な点として，「ポルトガルが加わっている空間」という単元全体を眺めると，EUと旧植民地諸国との関係について理解を深めることが，この単元における主たる目的となっていることがわかる。すなわち，先に触れた「欧州」と「大西洋」の狭間の国という認識枠組みをもとに指導要領が構成されているのである。

4. ポルトガルの歴史教科書における「欧州」

以上のような制度が設けられているなかで，ポルトガルの歴史教科書において，「欧州」は実際にどのように表象されているのであろうか[16]。本章では，第4学年（日本における初等教育課程4年次）の「総合学習」における「歴史」に関する部分，第6学年（日本における初等教育課程6年次）の「歴史と地理」における「歴史」の部分，第9学年（日本における前期中等教育課程3年次）の「歴史」，および第12学年（日本における後期中等教育課程3年次）の「歴史A」を対象とし，ポルトガル国内で高い教科書採択率を誇るPorto Editora社，Edições Galivro社，Edições ASA社の教科書（2014年の時点で最新版）の調査を行った[17]。

調査の結果，いずれの教科書においても，欧州統合に関する記述や，EUを主体とした記述が数多く確認された。一例を挙げると，Edições Galivro社の第4学年用「総合学習」の教科書には，以下の記述が見られる[18]。

> 1992年，EECは欧州連合（EU）と称されるようになった。現在，EUは，地理的，言語的，文化的に多様であるにもかかわらず，下記の共通目的を有する27ヵ国により構成される。
> ・全ての加盟国が繁栄し，全ての欧州市民が生活水準を向上させる
> ・欧州と世界が平和で安全であるようにする
> ・全ての市民が同一の機会を有し，基本的な権利と自由を享受する

しかし，上記の記述は，独裁体制の成立，植民地戦争の勃発，独裁体制の終焉と植民地の独立，EECへの加盟に関する説明の直後の部分に挿入されている。そしてこの単元の最後には，「ポルトガルのEEC加盟は歴史的転換点であるという主張を正当化すること」という課題が掲げられており，植民地帝国に代替するものとしてEUを理解させることがこの単元における実質的な到達目標のひとつとされている[19]。

また，Porto Editora社の同学年，同一科目の教科書では，共通の旗，共通の通貨，EUの日（5月9日）等が存在することが触れられている。しかし，以下のとおり，EECは植民地に代わる存在であり，そのため加盟申請が行われたという旨の説明も同時になされている[20]。

ポルトガルは1974年4月25日革命という重要な革命を経験した。革命は，社会や経済に深淵な変化をもたらした。植民地市場が終焉を迎え，ポルトガルは欧州市場に回帰しなければならなかった。それゆえ，1977年3月28日，ポルトガルは欧州連合（当時は欧州経済共同体）に加盟申請を行った。

別の学年の教科書においても，EUについて学習する箇所は，同様の特徴を有している。Edições ASA社の第6学年を対象とした「歴史と地理」の教科書では，現在，ポルトガルが参加している国際機関に関する単元が設けられており，国際連合，EU，ポルトガル語諸国共同体の3機関が取り上げられている。これらのうち，EUとポルトガル語諸国共同体に関する部分は同一頁内に配置されており，それぞれがポルトガルにとりどのような利益をもたらしているのかについて説明が加えられている[21]。EUに関しては，加盟以来，「受領した支援により，経済は発展し，高速道路，学校，病院，橋等が建設された」ため，「ポルトガル人の生活水準は改善された」と記されている。これに対し，ポルトガル語諸国共同体については，主な活動目的として，参加国間の「ポルトガル語の保護や普及，教育，健康，科学，技術における協力」があると述べられている（図3－1参照）。

以上のようなEUと旧植民地諸国の関係の対置は，より高学年向けの教科書においても見ることができる。Edições ASA社による第12学年向け「歴史A」の教科書には，「国際的枠組みのなかのポルトガル」と題された単元内に，「欧州と大西洋の間で」という項目が存在する。そこでは，以下のとおり記述されている[22]。

植民地帝国の喪失は，欧州に所属したいという希望をポルトガルにもたらした。［…］EUに加入すると，ポルトガルは，欧州と大西洋の間の関係において自国の歴史的，戦略的立場の活用を試みた。［…］ポルトガルがEU議長国であった2000年4月には，第1回アフリカ・欧州首脳会議が実現した。

さらに同書には，この「欧州と大西洋の間で」に続き，「単一の欧州か」というEUに関する項目，および「ポルトガルの大西洋における使命は永続するのか」という他のポルトガル語圏諸国やラテンアメリカ諸国との関係に関する項目が設けられている。

これらのことから，ポルトガルの歴史教科書におけるEUや欧州統合に関する記述の多くが，「ポルトガル的」な物の見方から説明されていることが理解できよう。「欧州」と「大西洋」の狭間にある国という自国についての認識が社会において「制度化」され，それに基づいた視点から欧州統合に関する描写が施されているのである[23]。

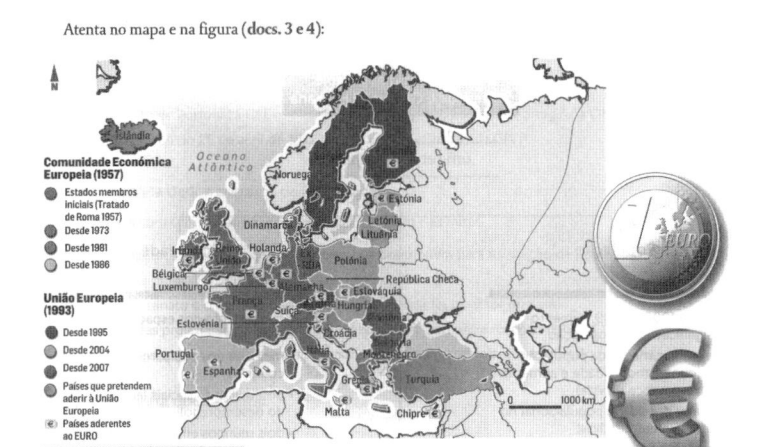

図3−1　ポルトガルの歴史教科書におけるEU
出所）HistGeo 6, Edições ASA, 2014, p.197.

おわりに

　本章では，ポルトガルの歴史教科書においてEUがどのように記載されているのかという点について分析を行った。同国における代表的な歴史教科書を調査した結果，欧州統合に関連する項目や，EUを主体とした記述が多数検出された。それは，EUと加盟国政府により行われてきた「欧州の次元における教育」の促進のための協力のひとつの成果と見なすことができる。同国の他のいくつかの政策領域と同様，教育分野においても「欧州化」が一定程度進展しており，その影響が歴史教科書にも及んでいるのである。

　こうした現象は，一面においては，ポルトガル国民がEUという新たな「公共圏」への帰属意識を徐々に高めていることを示しているのかもしれない[24]。しかし，歴史教科書における「欧州化」の進展は，そうしたアイデンティティの「脱ナショナル化」のみを意味するものではない。EUの政治体としての完成度が現時点においては極めて未熟であり，2009年のユーロ危機をはじめとした数々の問題を抱えていることに鑑みれば，加盟国の次元からEUの次元に支配的なアイデンティティが移行したと見なすことは困難である。多くのEU市民は，現在もナショナル・アイデンティティを強固に保持しており，そのナショナル・アイデンティティが「欧州」の何らかの要素を受容したことが，「欧州化」の進展を導いたと考えるのがより適切であろう。

　事実，ポルトガルの歴史教科書におけるEUの捉え方は，「大西洋か，欧州か」という同国国民の伝統的な世界観から抜け出したものではないこともあわせて理解された。これにより，統合の進展とともに，各加盟国の歴史教科書の「欧州化」が進展していることが事実であったとしても，それは，各国におけるナショナル・アイデンティティの衰退を示唆しているとは限らず，多くの場合，ナショナル・アイデンティティが各国固有の文脈において，「欧州的」なものへと変容していることを意味するものであることが明らかとなった。

【注】
1) 「欧州化」に関しては，すでにさまざまな研究が行われているが，代表的なものとして，K. Featherstone and C. M. Radaeli, eds., *The Politics of Europeanization*, Oxford University Press, 2003. やM. G. Cowles, J. Caporaso and T. Risse, eds., *Transforming Europe, Europeanization and Domestic Change*, Cornell University Press, 2001. 等が挙げられる。
2) 一例に，Y. N. Soysal and H. Schissler, "Teaching beyond the National Narrative," H. Schissler and Y. N. Soysal, eds., *The Nation, Europe and the World, Textbooks and Curricula in Transition*, Berghahn Books, 2005, pp. 1-12. がある。
3) 多くの研究者は，欧州各国国民のアイデンティティと歴史教科書の間には密接な関連性が見られると指摘してきた。代表例として，E. Gellner, *Nations and Nationalism*, Cornell University Press, 1983.（加藤節監訳『民族とナショナリズム』岩波書店，2000年）が挙げられる。
(4) ナショナル・アイデンティティと欧州アイデンティティの関係については，N. Fligstein, *Euro-clash, The EU European Identity and the Future of Europe*, Oxford University Press, 2008. やJ. T. Checkel and P. J. Katzenstein, eds., *European Identity*, Cambridge University Press, 2009. 等を参照。
5) A. V. Menéndez-Alarcón, *The Cultural Realm of European Integration, Social Representations in France, Spain, and the United Kingdom, Prager*, 2004. には，この点に関し，欧州数ヵ国の全国紙やテレビのニュース番組を調査した内容がまとめられている。
6) EUの教育政策分野における統合の歴史の詳細については，G. E. Karlsen, "Educational Policy and Educational Programmes in the European Union," J. A. Ibáñez Martín and G. Jover, eds., *Education in Europe, Policies and Politics*, Kluwer Academic Publishers, 2010, pp. 23-49. や，坂本昭，園山大祐「ヨーロッパ教育の形成と発展過程」近藤孝弘編『統合ヨーロッパの市民性教育』（名古屋大学出版会，2013年，20-40頁）を参照のこと。
7) T. Theiler, *Political Symbolism and European Integration*, Manchester University Press, 2005.
8) Y. Soysal, "Locating European Identity in Education," A. Nóvoa and Martin Lawn, eds., *Fabricating Europe, The Formation of an Educational Space*, Kluwer Academic Publishers, 2002, pp.55-66. を参照。
9) L. Haus, "Europeanization, Education and School Curricula, The Role of Historical Legacies in Explaining Policy Variation between England and

France," *Comparative Political Studies*, 42-7, 2009, pp.916-944.
10) 欧州統合に関するポルトガルの歴史については，N. S. Teixeira, "Entre a Africa e a Europa, A Política Externa Portuguesa, 1890-2000", A. C. Pinto, A. Costa, eds., *Portugal Contemporâneo*, D. Quixote, 2005. および西脇靖洋「ポルトガルのEEC加盟申請―民主化，脱植民地化プロセスとの交錯」『国際政治』168号（30-43頁）を参照。また，M. Newitt, *Portugal in European and World History*, Reaktion Books, 2009. は，「欧州」との関係に注目しながら同国の歴史を通史的に描いている。
11) ポルトガルと他のポルトガル語圏諸国との関係ついて論じている文献として，A. C. Pinto and S. Lloyd-Jones, eds., *The Last Empire, Thirty Years of Portuguese Decolonization*, Intellect Ltd., 2004. や，西脇靖洋「ポルトガル語諸国共同体（CPLP）の可能性と限界」『地球時代の「ソフトパワー」―内発力と平和のための知恵』（行路社，2013年，153-173頁）等が挙げられる。
12) J. Díez-Medrano, *Flaming Europe, Attitudes to European Integration in Germany, Spain, and the United Kingdom*, Princeton University Press, 2003.
13) Y. Nishiwaki, "Spanish and Portuguese Citizens' Attitudes toward European Integration, The Role of 'History' on the Perception Formation,"『日本EU学会年報』第34号, 2014年, 293-315頁。
14) ポルトガルの教育政策および教科書制度の一般的特徴については，A. M. Morais e I. P. Neves, *Currículos, Manuais Escolares e Práticas Pedagógicas, Estudo de Processos de Estabilidade e de Mudança no Sistema Educativo*, Edições Sílabo, 2014. を参照。
15) ポルトガルの基礎教育課程，第二次教育課程各学年の学習指導要領は，同国の文部科学省教育総局のウェブサイト（http://www.dge.mec.pt）で閲覧することができる。
16) この点に関し，地理の教科書については，いくつかの先行研究が存在する。たとえばE. M. Costa, et.al, "A Preparação Geográfica da Europa através das Imagens Presentes nos Manuais Escolares, Uma Análise Evolutiva de 1933-2009," *Actas do XII Colóquio Ibérico de Geografia*, 2012. では，ポルトガルの地理教科書における欧州に関する地図や記述内容が，EECへの加入等，歴史的な変化の影響を受けていると指摘されている。
17) Edições Galivro社，Edições ASA社はともに LaYaグループに統合されており，このLeYaグループとPorto Editora社を有するPorto Editoraグループが教科書の販売市場において最上位を占めている。

18) *Estudo do Meio Gallivro 4º ano*, Edições Galivro, 2014, p.53. 引用文中における1992年とは，EU創設を謳ったマーストリヒト条約の締結年を指している。また，2016年1月時点でのEUの総加盟国数は28ヵ国である。
19) *Estudo do Meio Gallivro 4º ano*, Edições Galivro, 2014, p.54.
20) *Alfa, Estudo do Meio 4º ano*, Porto Editora, 2014, p.84.
21) *HistGeo 6*, Edições ASA, 2014, p.197.
22) *12 Nova Construção da História, Vol. 3*, Edições ASA, 2009, p.100.
23) ここで言う「制度化」とは，特定の思考や行動の様式が社会の構成員により規則や習慣として内面化されることを指す。「制度化」概念の詳細については，J. G. March and J. P. Olsen, *Rediscovering Institutions: the Organizational Basis of Politics*, Free Press, 1989.（遠田雄志訳『やわらかな制度―あいまい理論からの提言』日刊工業新聞社，1994年）を参照。
24) T. Risse, *A Communities of Europeans? Transnational Identities and Public Spheres*, Cornell University Press, 2010. では，欧州統合は，「欧州人」としての共通のアイデンティティを持つ人びとによる「公共圏」を創出する試みと捉えられている。

第4章

スペインの中学校社会科教科書と地域アイデンティティ

―現行制度の概要とバスク自治州の事例―

はじめに

　今日のEU諸国では，義務教育課程における社会科教育の目的のひとつに，「シティズンシップ」の育成が掲げられている。とはいえ，そこで求められる「シティズン」ないし「シティズンシップ」のあり方は，ある程度共通した社会的要請に基づくものの，時代や国家・地域を通じて一貫して共有されてきたわけではない。

　「市民性」と訳されることのある「シティズンシップ」とは，平たくいえば，市民社会の成員資格のことである。20世紀末のEU諸国で始まった「シティズンシップ」教育[1]は，民主主義社会を実践するために必要な知見，技法，価値観を体得し，討議や連携活動を通じて，社会的かつ倫理的な責任を伴いながら，市民社会の構築に積極的に関与する能動的な成員を育てていく協働作業を広く指す用語だといってよい。

筆者に与えられた課題は，現在のヨーロッパで求められている「シティズンシップ」像の一例を，「シティズンシップ」と密接な関わりを持つ社会科教育の制度や教材の中に探ることである。「シティズンシップ」教育においては，「帰属意識よりも参加意識を，アイデンティティよりも人権を重視してこそ，その言葉は輝きを増す[2]」といわれる。そこで本章では，近代国民国家の形成を模索しながらも，伝統的に地域主義運動が根強く残っているスペインを考察対象として取り上げ，同国内において地域的・民族的アイデンティティの表出がことに顕著なバスク地方の現状を紹介していく。

ここで筆者が注目したのは，中学校4年生の課程である。その理由は，義務教育の最終学年で求められているレベルを知りたかったからである。また，中学4年生の年齢（16歳前後）であれば，明らかに異邦人だとわかる筆者が教室を訪問しても，冷静な議論が可能だろうと考えたからである。

以下では，まず今日のスペインの法的枠組みにおける教育の位置づけを概観する。そして，同国における近年の教育制度の変遷を分析し，現在の教科書出版のあり方を要約する。その後，実際に用いられている社会科教科書の特徴を抽出し，バスク自治州の中学校の事例を紹介しながら総括していく。

1. 法的枠組み

1-1. 現行憲法による規定

1812年のカディス憲法とともに国家の近代化に着手したスペインは，隣国フランスとの比較において，近代国民国家の形成に必ずしも成功しなかった事例として引き合いに出されることが多い。一方では国家と国内諸地域との関係をめぐり，他方では国家と宗教の関係をめぐり，それぞれ国内の世論が二分される経験を幾度か経て今日に至っていることは，その証左として理解されてきた。こうした相克の凄惨な結果のひとつが，1936年から39年に及んだ内戦であろう。その後のスペインではフランコ独裁が40年近く続く。やがて1975年に独裁体制

が崩壊した後，1978年憲法によって，スペインは立憲議会君主制に基づく民主主義国家として生まれ変わったのであった。

この現行憲法の第27条が，教育に関することがらを規定している。何人も教育を受ける権利（1項），宗教道徳教育を受ける権利（3項），無償義務教育（4項），大学の自治（10項）などである。

宗教については，フランコ独裁政権がカトリック教会の権威を後ろ盾とする「国家カトリック主義」を標榜していたことへの反省から，憲法第16条において，いかなる宗教も国教としての性格を持たないと定められた。しかしその一方で，伝統的にカトリック信仰に篤いスペインでは，国家の宗教に対する中立性（いわゆる「ライシテ」）を志向する姿勢がさまざまな紛争を喚起してきた。このため，信教の自由を保障するこの同じ第16条に基づき，学校において宗教道徳教育を受ける権利が認められることとなった。ただし，いかなる宗教道徳教育を受けさせるかを決める権利は，生徒本人ではなく，その親にある。現在では，カトリックの他に，プロテスタント，ユダヤ教，イスラームの関連団体が個別にスペインと協定を結び，それぞれの宗教教育に対する助成を国家から受けている。

1-2. 国家と自治州の権限分掌

スペインは，憲法第2条において祖国スペインの不可分一体性を謳い，国家構成原理として連邦制を採らない。だが，続く第3条が国内の地域的・民族的多様性を容認しているように，その実態は17の自治州と2つの自治都市から構成され，連邦制にきわめて近い地方分権国家を成す。「自治州国家」とも呼ばれるゆえんである。

憲法第148条と第149条には，国家と自治州の権限分掌に関する条文が掲げてある。教育に関しては，学位や職業資格の取得要件の規定，発行，認可ほか，憲法第27条を具体化するための基本的規範に対して，国家が排他的権限を持つ（第149条1項）。しかし，教育制度の運用の詳細については，明示的な条文が憲

法にない。この場合，当該案件は自治州への権限移譲が可能であり，実際，高等教育段階以前の教育については2000年頃までに，高等教育についてはやや遅れて，その権限が自治州に漸次移譲されていった。こうして今日のスペインでは，教育政策の大綱を国家の中央政府が立案し，その枠組みのなかで各自治州政府が教育の実際の運用を行っている。自治州政府の施策が国家の政策に合致しているかどうかを監査すべく，各自治州に設置されたのが「地域協力高等視察総局」である。

1-3. 多言語主義

1978年憲法は，第3条1項においてカスティーリャ語を国家の公用語と定めた。そこでは，すべてのスペイン人がカスティーリャ語を知る義務を負い，かつまたそれを使用する権利を有することが謳われている。しかし同時に，カスティーリャ語以外のスペインの諸言語についても，各自治州の自治憲章に従って当該自治州の公用語となり得ることが規定され（第3条2項），スペインの言語的様態の豊かな多様性を尊重・保護する姿勢（第3条3項）が表明されている。

こうして現在，スペインを構成する17の自治州のうち，カタルーニャ，バレンシア，バレアレス諸島，バスク，ナバーラ，ガリシアの6つの自治州が，各地域「固有の言語」をカスティーリャ語と併せて自治州内の併用公用語に指定している。公用語は，行政，司法，教育，メディアなどの公的空間において広く用いられる。もっとも，カスティーリャ語以外の言語の法的・社会的な承認の程度と使用状況は，自治州によってまちまちである。言語は，単なるコミュニケーションの道具として機能するのみならず，その言語を用いる人びととのアイデンティティ形成とも密接な関係がある。こうした併用公用語の教育ならびに教育に用いる言語の選択は，地域的特性のあり方と深く関連している。

2. 教育制度の変遷

2-1. フランコ独裁体制からの脱却

　スペインでは，フランコが死去した1975年以降も，1970年に制定された「一般教育法（LGE）[3]」が，1990年に至るまでの間，法的な効力を持っていた。同法律は，全教育課程を，就学前教育（2〜5歳），初等教育（6〜13歳），中等教育（バチリェラート：14〜16歳），大学予科（17歳），高等教育（18歳〜）の5段階に区分して，教育制度の近代化を模索したが，独裁体制下での運用には限界があった。そして，独裁崩壊後の民政化が深化していった1980年代には，とりわけスペインがEU（当時はEC）に加盟した1986年以降，制度そのものが時代遅れのものと化していた。

　今日のスペインの教育制度の基礎は，1990年の「教育制度一般整備法（LOGSE）[4]」にある。スペインの民主化が定着していく過程で発布された同法律は，中道左派の社会労働党（PSOE）政権によって公布された。LOGSE以前の義務教育は初等教育のみの8年間であり，義務教育修了時点で，普通教育に進学するか，職業教育に進むかという2種類の卒業資格があった。しかしLOGSEは，この卒業資格を一元化し，機会平等の観点から生徒全員に共通の知識を提供することを謳った。そして，初等教育段階を6歳から11歳までの6年間に凝縮する一方，中等教育段階を12歳から17歳までの6年間に拡張し，義務教育を初等教育の6年と中等教育の最初の4年の計10年間へと拡充した。ここには，人生の進路を早期に狭めないようにとの考えや，義務教育の修了年齢を，労働最低年齢の16歳に合致させるという意図があった[5]。義務教育修了後の中等教育段階の最後の2年間を担う機関には，バチリェラート（いわゆる普通科高等学校）のほかに，各種職業訓練学校や専門学校がある。

　1990年代以降，スペインの国政は，PSOEと保守右派の国民党（PP）の二大政党が交互に政権を担当している。だが，地方分権やライシテをめぐって両者

には政治的立場の隔たりがあるため，政権交代のたびに教育制度に手が施されるという現実が存在する。実際，LOGSEに次いで，PP政権下の2002年には，より中央集権的な傾向を打ち出した「教育の質に関する法律（LOCE)[6]」が制定された。もっとも，LOCEが実際に運用されることはなかった。2004年に再び政権の座に返り咲いたPSOE政権によって　新たな「教育法（LOE)[7]」が2006年に制定・施行されたからである。

2-2. 自治州の裁量権の固定化と「シティズンシップ」教育の導入

じつはこのLOEは，大筋においてLOGSEを踏襲した法律である。LOEが規定する教育制度の概要を図4-1に示したが，上述したLOGSEによる教育制度と変わりない。しかし，教育の内容に関して，LOEはいくつかの大きな変革をもたらした。本章の趣旨との関連で重要な点は2つある。

ひとつめは，1985年の「教育権に関する基本法（LODE)[8]」以来進められてきた教育行政の地方分権化の画定である。1990年のLOGSE以降，教育制度を運用・施行してきたのは，個々の自治州行政当局であった。ところが，後述するとおり，1990年代末には，スペイン史ではなく各地域の歴史ばかりが教えられているという批判を契機に，「歴史教育改革」論争が起こった。こうした経緯を踏まえ，LOEは各教育課程で全国共通に教えられるべき最小限の教科内容の割合を数値化して確定させた。具体的には，カスティーリャ語以外の「固有の言語」を併用公用語に定めている自治州で学習時間の55％，それ以外の自治州においては65％と定められた。つまり，前者の自治州ではカリキュラムの内容の45％を越えて，後者の自治州では35％を越えて，自治州独自に教科内容を策定してはならないことになったのである。

もうひとつは，1992年のマーストリヒト条約においてはじめて導入された「EUシティズンシップ」概念の定着ないし内面化の試みである。こうして，2006年12月の政令[9]に基づき，「シティズンシップ」教育が義務教育課程における必修科目として導入され，一方，それまで必修科目であった宗教教育は

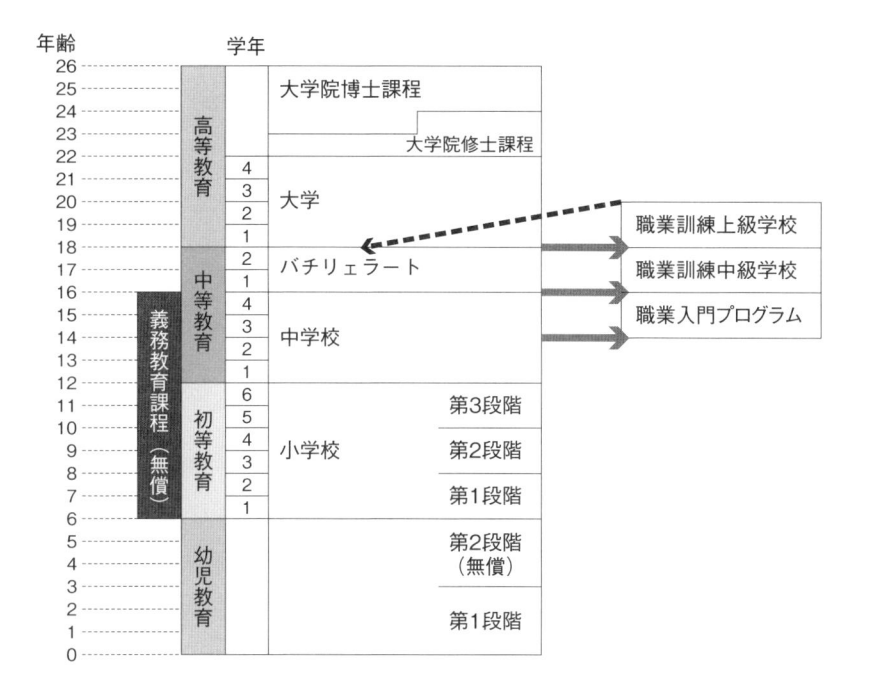

図4-1　LOE（2006年）に基づくスペインの教育制度の概要

「宗教の歴史と文化」という選択科目となった[10]。LOGSEは，その序文において，「シティズンシップ」教育が宗教教育の代替物ではないと明言している。だが，これら2つのいわゆる「価値教育」教科の関係をめぐっては，両者の調和的な教育を目指す以上に二者択一の選択を迫る傾向が強く，またどちらの教育を推進する立場であっても，それぞれの立場のなかに相異なる姿勢[11]が確認されるという，きわめて微妙な状況が厳存する。

　参考までに，LOEに基づく中学校における科目とその履修時間を表4-1に掲げておく。

表4−1　LOE（2006年）に基づく中学校の科目別履修時間数（週単位）

	第1学年	第2学年	第3学年	第4学年
自然科学	3	4		
社会科学，地理，歴史	3	3	3	3
体育	2	2	2	2
シティズンシップ教育		2		2
カスティーリャ語（スペイン語）	4	4	4	4
外国語	3	3	3	3
数学	4	4	4	4
造形美術，鑑賞	3		2	
音楽	3		2	3
技術		4	2	3
生物学・地学			2	3
物理学・化学			2	3
情報処理				3
ラテン語				3
第二外国語				3
選択科目	2	2	2	1
宗教／宗教の歴史と文化	2	1	1	1
個別指導	1	1	1	1
計	30	30	30	30

（第4学年の網かけ部分）3科目×3時間＝9時間を選択

出所）ORDEN ECI/2211/2007, de 12 de julio, por la que se establece el currículo y se regula la ordenación de la Educación secundaria obligatoria.

2-3. 中央集権化と「シティズンシップ」教育科目の廃止

　その後スペインでは，2011年にPPが再び政権に復帰し，2013年末に「教育の質の改善に関する法律（LOMCE)[12]」を発布した。LOMCEは，LOEで規定された教育制度の枠組みをおおむね尊重している。だが，中学校最終学年の4年生の時点で，バチリェラートを経て大学等の高等教育機関へ進学することが期待されるアカデミック教育と，実社会へ出ていくことが期待される職業実践教育の2つのコース分けが導入されたことは，重要な変更点である（図4−2）。

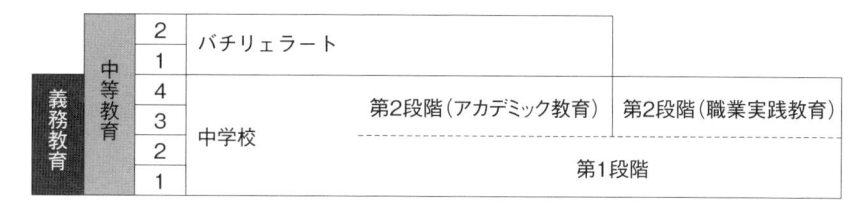

図4-2　LOMCE（2013年）による中等義務教育課程の変更

　教えられる科目と内容は，この2つのコースで別のものとなり，ポスト義務教育課程の進路に応じて，教育が円滑に接続することが目されている。
　LOMCEは，LOEを修正する趣旨の第1条のみから成る単独条項の法律[13]である。しかし，そこに列挙された修正変更は109項目と多岐に及び，数多の論争を喚起している。なかでも，教育行政の地方分権化と学校における宗教教育をめぐる修正は，LOMCEの理念がLOGSEの理念にしばしば逆行するものであるだけに，侃々諤々の論議を巻き起こしている。
　教育行政の地方分権化と関連して，LOMCEは，国家が主導して全国的に共通の基準を課す「根幹科目（asignaturas troncales）」を，全授業時間数の50％以上教えることを義務づける（表4-2）。根幹科目以外の学科は，「専門科目（asignaturas específicas）」と「自主設定科目（asignaturas de libre configuración autonómica）」に分類され，各自治州の行政当局の裁量に委ねられる。また，各学校においては校長の権限が強化され，教育効果の全国統一的な評価制度が導入される。さらにまた，カスティーリャ語以外の併用公用語の教育は「自主設定科目」に分類され，言語・文学以外の教科においては，原則カスティーリャ語による教育を課し，併用公用語の位置づけが下げられるなど，全体として教育行政の中央集権化の方向性が顕著である。
　一方，「シティズンシップ」教育については，欧州議会や欧州評議会の勧告書を援用しながら，既存の科目に横断的に組み込むことで実現可能だとして，独立した学科目としては廃止した。そして，代わりに宗教倫理教育を必修科目

表4-2 LOMCE（2013年）に基づく中学校における履修科目

		根幹科目（5科目＋1科目）		専門科目 （3〜6科目）	自主設定科目 （科目数未定）
		必修（5科目）	選択（1科目）		
第1学年 第2学年		スペイン語・文学 第一外国語 地理・歴史 生物・地学 物理・化学 数学		【必修】 体育 宗教／倫理的価値 【1〜4科目選択】 技術 音楽 造形教育・視覚教育 第二外国語 企業活動入門 古典文化 宗教 倫理的価値	【常時】 併用公用語・文学 この他，左記「専門科目」のなかから設定可能
第3学年		スペイン語・文学 第一外国語 地理・歴史 生物・地学 物理・化学	実践志向の数学 アカデミック志向の数学		
		全授業時間数の50%以上		教育行政当局の裁量による	

		根幹科目（4科目＋2科目）		専門科目 （3〜6科目）	自主設定科目 （科目数未定）
		必修（4科目）	選択（2科目）		
第4学年	実践教育	スペイン語・文学 実践志向の数学 第一外国語 地理・歴史	実践的科学 技術 企業活動入門	【必修】 体育 宗教／倫理的価値 【1〜4科目選択】 第二外国語 ICT 美術・舞踏 造形教育・視覚教育 音楽 宗教 倫理的価値 古典文化 哲学 科学文化 根幹科目で選択されなかった科目	【常時】 併用公用語・文学 この他，左記「専門科目」のなかから設定可能
	アカデミック教育	スペイン語・文学 アカデミック志向の数学 第一外国語 地理・歴史	物理・化学 生物・地学 ラテン語 経済学		
		全授業時間数の50%以上		教育行政当局の裁量による	

注）　「併用公用語」とは，スペインの自治州において，カスティーリャ語とともに公用語の地位にある言語。具体的には，バスク自治州のバスク語，ナバーラ自治州北部におけるバスク語，カタルーニャ自治州のカタルーニャ語とアラン語，バレアレス諸島自治州のカタルーニャ語，バレンシア自治州のバレンシア語，ガリシア自治州のガリシア語。

出所）　Real Decreto 1105/2014, de 26 de diciembre, por el que se establece e currículo básico de la Educación Secundaria Obligatoria y del Bachillerato.

として導入したのであった。中学校における位置づけは，根幹科目ではなく専門科目である。

　LOMCEの規定は，2014年秋から3年がかりで，学年別に段階的に施行されつつあるが，自治州や学校によっては反対意見が根強く，教育の現場は流動的な状況にある。2015年末に予定されている国政選挙の結果いかんによっては，LOMCEの効力が形骸化される可能性は十分あり得る。

2-4. 教科内容についての法令

　上述してきたLOGSE，LOE，LOMCEなどは，「組織法（Ley Orgánica）」と呼ばれる基本法で，教育に関する大綱を定める性格を有す。ここから派生してさらに具体的な事項を決定していくのが，内閣で審議された後に政府が発する「政令（Real Decreto）」であり，あるいは「省令（Orden）」である。教育機関で教えられるべき学科目とその内容の詳細は，教育課程別に，政令レベルで規定される。かくして，中学校で教えられるべき社会科の内容は，表4－3（LOEに基づく）と表4－4（LOMCEに基づく）のとおり，政令で定められている。

　中央政府の発するこれら一連の法令に基づき，今度は，各自治州が，自治州独自の法律や政令を策定し，実際の教育の運営に当たる。この過程において，各自治州の裁量が入り込む余地がある。例えば，2006年のLOEに準ずる中央政府の政令のなかに，中学校の社会科で教えられる内容（表4－3）として，バスク自治州という文言は出てこない。しかし，バスク自治州政府の2007年の省令[14]においては，バスク自治州のみならず，ナバーラ自治州やフランス領バスク地方をも含む，歴史的・言語文化的な「バスク地方」の理解にも配慮するといった趣旨が挿入されているのである。

　表4－4は，2013年のLOMCEに基づいて，翌2014年に中央政府が政令によって規定した内容である。これに基づき，現在各自治州行政当局が新たな法令を準備しつつある。表4－3と比較すると，第1学年から第3学年までのカリキュラムが一括りにされる一方で，第4学年のカリキュラムが具体的かつ詳細

表4-3　LOE（2006年）に基づく中学校「社会科学，地理，歴史」科目の内容

	【ブロック1】 共通内容	【ブロック2】 地球と自然環境	【ブロック3】 先史社会，初期文明，古代	
第1学年	・様々な地図の読解 ・様々なソースからの情報取得 ・歴史上の事件の時間的・空間的な位置づけ ・歴史上の事件の原因と結果 ・時代を特徴づける基本要素の知覚と文化的遺産の価値づけ	・地球の概観 ・主立った自然環境の特徴づけ ・大陸，海洋，河川，地形の地図上における位置づけ ・人間集団と環境の利用	・狩猟民と採集民 ・最初の都市文明 ・ギリシア・ローマ古典世界 ・キリスト教の起源と拡大	

	【ブロック1】 共通内容	【ブロック2】 人口と社会	【ブロック3】 工業化以前の社会	
第2学年	・歴史上の事件の時間的・空間的な位置づけ ・歴史上の事件の原因と結果 ・情報の検索，入手，選別 ・芸術の様式を特徴づける基本要素の認知と解釈	・人口とその分布。基本概念 ・現代社会。構造と多様性。不平等と紛争 ・都市空間における生活	・中世の社会。イスラームの起源と拡大 ・中世のイベリア半島 ・ヨーロッパ近代国家の特徴 ・イベリア半島の政治経済的発展 ・近代の芸術と文化	

	【ブロック1】 共通内容	【ブロック2】 経済活動と地理空間	【ブロック3】 政治機構と地理空間	【ブロック4】 現代世界の変容と不均衡
第3学年	・情報の入手と加工処理 ・事例の分析と討議 ・様々なソースを用いた総括と質疑	・経済活動 ・農業と農村社会の変容 ・経済活動の主たる地域の位置づけと特徴づけ	・様々な社会の政治機構 ・スペインの政治行政機構 ・ヨーロッパの地理空間 ・世界の地政学的・経済的・文化的区域の位置づけと特徴づけ	・相互依存とグローバリゼーション ・不均等な人的発展 ・現代世界の人口移動の傾向と結果 ・環境問題

	【ブロック1】 共通内容	【ブロック2】 現代社会の史的基盤	【ブロック3】 現代世界	
第4学年	・歴史上の事件の時間的・空間的な位置づけ ・史的展開に関与する政治的・経済的・社会的・文化的要素の同定 ・様々な規準に基づく資料の検索，選択，入手と，分析 ・現状と関係する事実や状況の分析 ・人権の価値づけ。不正や差別などの拒絶 ・現代の主たる様式や芸術家を特徴づける基本要素の認識	・旧体制下ヨーロッパの政治的，経済的変容 ・19世紀の政治的，社会経済的変容 ・旧体制の危機と19世紀スペインの自由主義国家 ・20世紀前半の大きな変化と紛争 ・20世紀のスペインの変容 ・現代における芸術と文化	・20世紀後半の政治秩序と世界経済 ・スペインの民政移行 ・欧州連合の形成過程 ・現代社会における変化 ・グローバリゼーションと新たなパワーの中心 ・現代世界における緊張と展望	

出所) Real Decreto 1631/2006, de 29 de diciembre, por el que se establecen enseñanzas mínimas correspondientes a la Educación Secundaria Obligatoria.

第4章 スペインの中学校社会科教科書と地域アイデンティティ 77

表4-4 LOMCE（2013年）に基づく中学校「地理，歴史」科目の内容

	【ブロック1】自然環境	【ブロック2】人文地理	【ブロック3】歴史	
第1学年〜第3学年	・地球 ・太陽系の中の地球 ・緯度と経度 ・基本的成分と地形 ・自然環境：スペイン，ヨーロッパ，世界	・スペイン，ヨーロッパ，世界 ・人間の諸活動 ・制度と経済セクター ・天然資源の利用 ・経済活動に基づく地理的空間 ・3つの産業セクター	・先史時代 ・種の進化と人類化 ・先史時代の時代区分 ・旧石器時代 ・新石器時代 ・古代史 ・古典的世界：ギリシア ・古典的世界：ローマ ・イベリア半島 ・中世 ・ヨーロッパの中世最盛期	・キリスト教諸王国の発展とイスラーム ・コルドバの首長国とカリフ。カスティーリャ・アラゴン連合王国 ・ヨーロッパの商業発展 ・ロマネスク，ゴチック，イスラーム芸術 ・ヨーロッパ中世後期 ・近代：ルネサンスと人文主義 ・地理上の発見 ・近代君主国家 ・オーストリアとその政策 ・ヨーロッパの17世紀 ・バロック芸術

	【ブロック1】 1789年までの 18世紀ヨーロッパ	【ブロック2】 リベラルな革命の時代	【ブロック3】 産業革命
第4学年	・18世紀ヨーロッパ ・17，18世紀ヨーロッパの科学と芸術	・18世紀ブルジョワ革命 ・フランス革命 ・欧米における18世紀のリベラルな革命と復古	・産業革命 ・スペインの工業化の性格をめぐる議論
	【ブロック4】 19世紀帝国主義から 第一次世界大戦まで	【ブロック5】 「戦間」期(1919年〜1945年)	【ブロック6】 第二次世界大戦の原因と結果
	・19世紀の帝国主義 ・ロシア革命 ・平和条約の帰結 ・欧米・アジアの科学と芸術	・ドイツ復興の困難さ ・イタリアのファシズム ・1929年の株価暴落と大不況 ・ドイツのナチズム ・スペイン第二共和政 ・スペイン内戦	・戦争を誘発した事件 ・欧州の戦争から世界戦争へ ・ホロコースト ・新たな世界の地政学 ・アジア・アフリカの脱植民地化
	【ブロック7】 資本主義の確立と ソビエト陣営の経済的孤立	【ブロック8】 20世紀から21世紀にかけての 現代世界	【ブロック9】 20世紀末から21世紀初頭の技術革新と グローバリゼーション
	・ソ連の発展とその同盟国 ・米国の発展とその同盟国 ・フランコ独裁 ・石油危機（1973年）	・資本主義の相異なる経済社会的形態 ・ソビエト体制の崩壊とその結果 ・スペインの政治体制の移行 ・EU統合への道のり	・経済上のグローバリゼーションと世界の地域間関係
	【ブロック10】 歴史と地理を通してみる過去，現在，未来の関係		
	・歴史と地理を通してみる過去，現在，未来の関係		

出所）Real Decreto 1105/2014, de 26 de diciembre, por el que se establece currículo básico de la Educación Secundaria Obligatoria y del Bachillerato.

に定められており，自治州の裁量が狭まるであろうことが予想される。

3. 教科書の出版・選定・使用

3-1. 教科書の事前検閲から事後チェックへ

　19世紀に入り，遅ればせながら近代化に着手したスペインでは，長期にわたり寡頭支配や独裁的政権が続いた。そうした体制の下では，検閲を経た国定教科書が教育の現場に押しつけられていた。第一共和政を含む民主主義の6年間には，例外的に教育現場への制約がほぼ取り除かれたが，第二共和政から内戦の時期にあっても，左派右派の政治的立場を問わず，国家権力は教育現場に対して政治的な介入を公然と行った[15]。

　国家カトリック主義を標榜したフランコ独裁体制は，教科書の出版に関する統制を徹底した。もっとも，教育現場で用いられる教科書は，初期のスペイン学術院による国定教科書から，民間出版社の編纂する教科書へと漸次変わっていった[16]。1970年の一般教育法（LGE）補則規定4が「教科書は教育省の監督（supervisión）を受ける」と定めたことは，事実上の事前検定制度として堅持されていく。1990年のLOGSEにおいても，この条項は廃止されずに維持された。

　しかし，独裁体制から民主主義への移行がほぼ完了した1990年代には，事前検定を受けずに教科書を出版することが徐々に可能となり，1998年7月の政令[17]において，教科書の使用と監督に関する規程が明文化された。この政令の趣旨を受け継ぎ，LOEとLOMCEは，両者とも教科書と教材の事前認可制度を撤廃している。とはいえ，国家が課す「最小限教育基準」を満たす内容が盛り込まれている必要があり，人権尊重やジェンダー間平等など，EU諸国が掲げる普遍的な価値や多様性に対する十分な配慮も他方で求められる。こうしたことがらは，事後チェックを受けることになる。

　その事後チェックを担当するのは，国家の教育行政当局である。基準を満た

さない，あるいは逸脱している「不適切な」教科書については，これを公表することができ，そのための監査制度が設けられている。同様の監査制度は自治州にも存在するが，そこでは，教室の広さや，1教員当たりの生徒数，建物の安全性など，教育のインフラや物質的環境に関する監査が主たる任務である。

3-2. 教科書出版社

スペインで教科書を発行している出版社をウェブ・サイトで検索すると，90社前後がヒットする。一般には，1978年に結成された全国教科書出版社連盟（ANELE[18]）に加盟している27社を中心に，全部で30から40社程度が，主要な教科書出版社だといわれている。

スペイン全土もしくは複数の自治州にわたって教科書を流通させている大手出版社（＊を付した出版社はANELEに加盟）には，アナヤAnaya*，エデベEdébé*，マクミラン・イベリアMacmillan Iberia*，マグローヒル*，オックスフォード大学出版局スペインOxford University Press España*，サンティリャナSantillana*，SM*，テイデTeide*，ビセンス・ビベスVicens Vives等が挙げられる。また，（カトリック）宗教教科書を扱う出版社として，PPC*等がある。これらの出版社は，カスティーリャ語版のみならず，併用公用語版や英語版も需要に応じて刊行している。教科書の詳細な内容は各自治州の法令によって定められるため，教科書の中身は，同一出版社であっても，自治州ごとに微妙に異なる。

これらの出版社のなかには，国際的な販路を持つものがある。英語圏諸国に本拠を置くマクミラン，マグローヒル，オックスフォードの3社は言うまでもなく，サンティリャナ，SM，ビセンス・ビベス，PPC等も，とくに中南米のカスティーリャ語（スペイン語）圏諸国を中心に，教科書の販路を開拓している。

このほか，流通圏が併用公用語圏域にほぼ限定される教科書出版社も存在する。これらは，地域的・民族的ナショナリズムの発現が顕著な自治州に確認さ

れる。具体例としては，カタルーニャ自治州におけるバルカノバBarcanova*，カステイノウCastellnou，ラ・ガレラLa Galera*，バスク自治州のエレインErein，イバイサバルIbaizabal，イカセルカルIkaselkar*，ガリシア自治州のシェライスXerais*，アンダルシア自治州のアルガイダAlgaida*等である。なお，バルカノバ，アルガイダ，シェライスは，アナヤ・グループの傘下にある。

　教科書の内容は，通常4年ごとに改訂される。これは上掲の1998年7月の政令が根拠法となっている。もっとも，当該教科書の事後チェックによって不適正なものと判断された場合や，重要な法改正が生じた場合などは，このかぎりでない。また，自治州によっては，4年を越えて同一教科書を用いることを可能とする場合がある。

3-3. 教育現場における教科書の選定と使用

　教育現場で使用する教科書の選定は，学校単位で行われる。選定は教師陣が行うが，全員で担当したり，学年別であったり，輪番制であったりと，その手順は一般化できない。教科書の選択と決定は，既述したとおり第三者のいかなる認可も要しない。だが，アンダルシアの公立学校のように，事前に学校評議会の承認を要する自治州もある。

　教科書の選定は，新年度を控えた夏休み前の6月頃に，通常行われる。選定基準は学校によってまちまちであり，各学校の自主性が尊重されている。小学校に関する1990年代半ばの古いデータではあるが，バスク自治州では全校の約4割が何らかの基準を設けていたようだ[19]。同報告によれば，内容よりも形式（紙質，言語など）を重視する傾向があったというが，現在では考えにくい。ただし，併用公用語を有する自治州においては，教科書に用いられる言語，そしてその言語による表記法の適切さが，教科書選定に際して重要な判断基準となることは，十分あり得る。

　義務教育は憲法規定に基づき無償だが，教科書は有償である。実際には，自治州によって差があるものの，公的機関の助成を受けていることが多い。近年

では，教科書のデジタル化に対する助成の比率が上がってきている。教科書を生徒が各自で購入する場合もあるが，学校単位で共同購入し，複数年にわたって，生徒間で共有する場合もある。教科書の有償制度をめぐっては，憲法規定に違反するのではないかとの疑義も根強く，LOMCEはその補則規定において，教科書の無償貸与を促進するよう謳っている。

4. 社会科教科書の事例

　では，義務教育課程最終年次に当たる中学4年生の社会科教科書を見ていこう。筆者は2012年末から14年夏にかけてバスク自治州とナバーラ自治州の中学校を訪問する機会を得た[20]。折しもスペインでは，LOEに代わる新たな教育基本法LOMCEが2013年末に公布され，翌年に発効したところであった。しかし，同法に基づく教育内容は学年別に順次導入され，中学4年生に対する法の適用は，2016年度からとなった。よって筆者の報告は，LOEの規定に基づく教育実践を反映している。

4-1. 教科書の形態・形式

　中学4年生用のバスク自治州版社会科教科書を表4-5に7冊掲げた。選択の基準は恣意的である[21]。この7冊から一般化を行うのは早計に過ぎるが，具体的なイメージを喚起し，ある程度の傾向を確認することは可能であろう。（以下，本文でこれらの教科書に言及する場合は，表4-5に記した番号によって表示する。）

　バスク自治州の教科書の大半は，バスク語またはカスティーリャ語で記述されている。二言語主義政策の導入から40年近く経つ同自治州では，これら両言語で書かれた版に異同がほぼないので，ここではバスク語版のみを参照する。また，近年の新たな現象として，英語で書かれた社会科教科書の市場参入が挙げられる。これについては，必要に応じて言及する。

表4-5　中学4年生のバスク自治州版「社会科学／歴史」教科書の事例

番号	①	②	③	④	⑤	⑥	⑦
出版社	SM	エデベ	サンティリャナ	アナヤ		オックスフォード大学出版局	ビセンス・ビベス
刊行年	記載なし（2008年?）	2009年	2011年	2012年	2012年	2012年	2013年
記述言語	バスク語*	バスク語*	バスク語*	バスク語*	英語	英語	バスク語*
冊数	1冊	1冊	3分冊	3分冊	1冊	1冊	2冊
ページ数	303頁	296頁	333頁（3冊総数）	333頁（3冊総数）	263頁	296頁	332頁+31頁
章立て	16章	13章+2	15章	12章	12章	12章+1	15章+1
用語集	なし	あり	あり	あり	あり	随所にキーワード集	巻末にあり
年表	各単元に分割	なし	各単元に分割	巻末に一括	なし	なし	各単元に分割
備考		・文化史に関するコーナーあり			・オーディオCD付き	・オーディオCD付き ・史資料の読解や分析など歴史学の手法を巻末に要約	・分冊のうち1冊はバスク自治州の近現代史をまとめたもの

＊カスティーリャ語版と内容に異同なし。

　中学校の社会科は，LOEに基づく正式科目名を「社会科学，地理，歴史」という。表4-3のとおり，中学4年生で教えられる内容は，主として19世紀以降の近現代史である。このため，中学4年生用の社会科教科書の表紙には，科目名として「社会科学／歴史」もしくは「歴史」とだけ表記してある。

　教科書の外形は，いずれも縦の長さが28から29センチ，横の長さが21から23センチの範囲に収まっており，ほぼA4サイズの大きさと言ってよい。ページ数は，263ページから363ページまで，100ページほどの差がある。厚さは1.3センチから2.0センチ程度までの幅があり，重さは850グラムから1キログラム強である。日本の教科書と比べると，大きく重たいと感じられよう。もっとも昨今では，教科書③や④のように分冊出版して，1冊当たりの重量を軽減する出版社も現れている。

紙質については，どの教科書も，多色刷りカラー印刷に対応させた光沢のある上質紙を使用している。すべてのページにカラーの図表や写真が掲載されており，視覚に訴えてくる。また，多種多彩な史資料が比較的保存されている近現代を扱っているためか，人物像や想像図などの挿絵は，教科書④⑤を例外として，あまり見受けられない。昨今の日本の教科書に見られるようなキャラクターのイラストは皆無である。

　教科書の内部形式については，スペインのみならずEU諸国全体にまである程度通じる共通性が確認される。まず，巻頭に配置されているのは，目次と教科書の使用方法である。目次には，単元を羅列するだけでなく，どういう考えに基づいて単元分けがなされているのか，また単元と単元の間にどのような関係があるのか，といった説明を含むことがある。使用方法には，各単元のなかに挿入された下位区分の利用方法や，統計，史資料，年表などの巻末付録の活用法が含まれる。

　次に教科書の本体部分は，複数の単元に分けられている。単元の冒頭に学習事項の概要，最後に生徒に対する問いかけが用意されている。すべての教科書に共通していることは，見開いた状態で，つまり2ページで，ひとつのテーマに関する記述を完結させていることである。また，文章の途中で改ページが発生しないように配慮されている。さらに，多色刷りの図表や写真が，生徒に対してイメージを膨らませることのみならず，数値や図像の深い読解力を求めていることも，大きな特徴である。

　最後に，巻末には用語集，統計，年表，地図などの付録が挿入されている。単元ごとに分割して挿入される場合もある。索引はない。教科書⑥の場合は，史資料の分析方法など，歴史学の実践的技法を巻末に要約してある。また，英語版の教科書⑤⑥には，オーディオCDが添付されている。これは，教科書の本文をネイティヴが読み上げるもので，生徒を英語の音声に慣れさせることを目的としている。

　なお，教科書出版社は，各教科書に対応する教師用指導書を作成している。そこには，生徒に対する問いかけ方や，それに対する解答例が示してある。ま

た，教科書の内容をデジタル化したDVDが添付されており，DVDをスクリーンに投写して授業を行う事例が増加している。ちなみに教師用指導書のなかには，教科書と同じく，市販されているものがある。

4-2. 教科書の内容・構成

　中学4年生のバスク自治州版社会科教科書の内容は，上述の2007年の自治州省令によって決定されるが，その土台は，LOEに基づいてスペイン政府が発した2006年の政令にある。この政令によれば，中学校4年間を通じて教えられる「社会科学，地理，歴史」科目の目標は11項目ある[22]。そして，この11項目を意識しつつ，教科の具体的内容が学年別に定められている（表4-3）。中学4年生の場合は，3つのブロックに分類される。ブロック1は全体的な共通方針であり，上記目標11項目を分散させて配置したものである。教えるべき具体的な内容は，ブロック2「現代社会の史的基盤」とブロック3「現代世界」に列挙された計12項目（抜粋）である。このほか，詳細な評価基準が学年ごとに定められている。

　本章で参照した7つの教科書では，教科書①②④⑤⑦の5つが，フランス革命直前の旧体制から21世紀初頭までを，時系列順に取り上げている。そのうち教科書①と②は，上記の政令どおり，記述内容を「現代社会の史的基盤」と「現代世界」の2部に分け，各部のなかに章を落とし込んでいる。もっとも，二分する時期は，一方は第一次世界大戦，他方はスペイン内戦と，若干の相違がある。また，教科書②では，各部の最後に文化史に関するコーナーを設けてある。このほか，教科書⑦は，記述内容を「革命の時代」（18世紀末から19世紀の産業革命まで），「国際変動期」（19世紀末帝国主義からスペイン内戦まで），「第二次世界大戦後の世界」の3部に分けている。教科書④は複数の章から成る部という区分を採用していないが，3分冊の区切りは，教科書⑦とほぼ同じである。

　2006年の政令の規定に合致しないと思われる教科書が③と⑥である。教科

書③では第一次世界大戦以降の時代のみが取り上げられる。3分冊の1冊目が第一次世界大戦から第二次世界大戦まで、2冊目が第二次世界大戦終結後からスペインの民政移行まで、そして3冊目では、グローバル化する現代社会における諸問題（人口問題、環境問題、ヒトの移動等）が取り上げられる。また教科書⑥においては、先史時代から現代までが通史として叙述されている。

以上のように、いずれの教科書も、叙述は時系列順である。今日のイギリスとフランスを中心とする西ヨーロッパ近現代史の文脈にスペインを位置づけ、西ヨーロッパあるいはスペインにとって重要な関わりを持った世界各地の事象が時代別に描出されている。例えばロシア革命、ファシズムとナチズム、脱植民地化、南北問題、EU統合などである。

では、バスク自治州の地域的特性に配慮した記述はあるだろうか。7つのうち、①②④⑦の4つの教科書がバスク自治州の歴史について、一定の紙幅を割いている。このうち、18世紀末から今日までを網羅しているのが教科書①と⑦であり、①は巻末の最終章で、⑦は分冊にして、それぞれ書き綴っている。教科書②は最終章で1939年以降の歴史をスペインとバスク地方との関係から叙述し、教科書④はポスト・フランコの「自治州国家」スペインにおけるバスク自治州の位置づけに焦点を当てている。教科書③は、バスク自治州に特化した叙述を回避しており、ここでも他社の教科書と一線を画している。

なお、教科書④の英語版である⑤には、バスク自治州に特化した叙述は見当たらない。⑤は④とほぼ同じ内容構成でありながら、図表・写真の配置や叙述において、④よりも簡略化されている。教科書⑥を含め、中学4年生用の英語版社会科教科書の性格づけは不明瞭であり、その制作は試行錯誤の段階にあると言わざるを得ない。

スペインの歴史教科書は、1990年代後半に、いわゆる「歴史教育改革」論争を経験した。義務教育課程における歴史教育をめぐって、スペイン史が軽視されて地域史だけが教えられているという批判に端を発したこの論争の過程で、改革案として呈示されたのが「言語文化的多様性を持ったスペインの統一的な

歴史の歩み」であった。この改革案は，その内容よりも，その手法の稚拙さから最終的には頓挫したが[23]，以後スペインの歴史教科書は，事前検定制度がなくても，内容構成において大きな差異はなくなったといわれている。たしかに，ここに挙げた7つの教科書を見ると，少なくともスペインの一国史は網羅されている。しかしながら，時代区分や，とりわけ地域史の取り扱いには，依然として差異が確認される。

5. 地域アイデンティティをめぐる駆け引き

バスク自治州の中学校社会科教科書において，地域アイデンティティとの関連で重要なことがらが2つある。ひとつは「バスク地方」という領域概念の境界づけの問題であり，もうひとつは教育言語における併用公用語の使用をめぐる問題である。そして，これらの問題をバスク自治州行政当局の裁量枠内でいかに打開していくかという試みが，目下行われている。

5-1. 領域概念

バスク語を話し，バスク人意識の強い人びとにとって，「バスク地方」とは，スペインのバスク自治州とナバーラ自治州，さらにフランス領バスク地方を含めた領域を指す。これはバスク語で「エウスカル・エリアEuskal Herria」と呼ばれる。1980年代までのバスク自治州版社会科教科書には，エウスカル・エリア全域地図が掲載されていた。ところが前述の「歴史教育改革」論争以降，バスク自治州版教科書に掲載される「バスク地方」の指す地理的領域は，「エウスカディEuskadi」と呼ばれるスペイン内部のバスク自治州に限定されるようになった。教育行政の運営が自治州単位で行われるようになったことも，この傾向を後押しした。

じつは1979年のバスク自治州憲章は，バスク自治州を指す用語としてエウスカディとエウスカル・エリアの両者を公定しており，このことが事態をさらに

複雑にしている。そのためバスク語アカデミーは，エウスカディを政治行政的な概念としてバスク自治州を指す用語，エウスカル・エリアをナバーラ自治州とフランス領バスク地方まで含む歴史文化的に培われてきた領域概念用語，として区別するよう提言している[24]が，一般市民にまで受容されているとはいいがたい。

　社会科教科の本務からすれば，「バスク地方」をめぐる2つの領域概念が存在する現状を学校教育の場で教えていくのが筋であろう。ところが，前項で参照したバスク自治州版社会科教科書は，「バスク地方」に言及するに際してエウスカディの語を用い，バスク自治州の領域図のみを掲載している。唯一の例外が教科書②である。そこでエウスカディの単語は使われず，エウスカル・エリアという用語を用いてその全域図が掲載されている。ただし，この教科書は刊行年が2009年とやや古い。次の改訂版において，エウスカル・エリアの用語とその全域図は差し替えられる可能性が高い。

　バスク・ナショナリズムの発現度が高いバスク自治州では，学外に一歩出れば，市井の会話や私的空間において顕著なのは，エウスカディというよりもエウスカル・エリアの用語とその全域を示す地図やデザインである。2つの領域概念の取り上げ方は，結局のところ，現場の教師の裁量や生徒の両親の態度などに左右されている。例えば，バスク自治州に本拠を置くイカセルカル社は，その教科書カタログのなかに，教科書，教師用指導書と併せて，エウスカル・エリア全域を表示した壁掛け用地図を，副教材としてしっかり掲載している。これを利用する手段はいくらでもあるのである。

　いずれにせよ，領域概念に対する住民の共通理解が必ずしもないという現状は，地域アイデンティティ涵養の観点からすると，弱点となっている。

5-2. 教育言語

　もうひとつの問題は，言語，とりわけカスティーリャ語以外の併用公用語をめぐる問題である。というのも，カスティーリャ語以外の固有の言語を有する

自治州においては，その言語と地域アイデンティティとの間に密接な関係があるからである。

バスク自治州では，1982年にバスク語正常化法[25]が発布され，翌1983年以降，高等教育を除く全ての教育段階に3つの言語モデルが導入された。各学校は，学校単位で言語モデルをひとつ選択しなければならない。Aモデルは，カスティーリャ語を教育言語とし，バスク語はひとつの学科目として教えられるタイプ。Bモデルは，カスティーリャ語とバスク語が半々の割合で用いられるタイプ。そしてDモデルは，バスク語を教育言語とし，カスティーリャ語はひとつの学科目として教えられるタイプである。このほか例外的措置として，バスク語教育が免除されるXモデル[26]がある。この言語モデル別教育は，当初はAとBの2つの言語モデルを受講する生徒が全体の過半を占めていたが，現在では逆転して，義務教育課程においてはDモデル受講生が全体の7割近くを占める。

もっとも，義務教育課程修了後の中等教育，高等教育と，教育段階を昇っていくにつれて，教授言語としてバスク語が用いられる割合は低下し，バスク自治州では全住民の3割，ナバーラ自治州では1割程度がバスク語の話者であるにすぎない。このように，バスク語は依然として少数言語の地位にある。義務教育課程で7割近い生徒が用いているバスク語をいかに社会に定着させるか，そして義務教育課程までに（カスティーリャ語とともに）バスク語使用に対する積極的態度を生徒にいかに身につけさせるかという課題が残っている。

こういう状況下で発布された新たな教育基本法のLOMCEは，全授業時間の半分以上教えなければならない「根幹科目」から併用公用語の使用・教育を除外した。この措置に対して，バスク自治州では，EUやスペイン憲法の掲げる多言語主義・多文化主義に逆行するという批判が広範囲に起こり，高校生や中学生も「シティズンシップ」教育の授業時間にLOMCEの措置をめぐって自主的に議論を重ねたりした。ところがLOMCEは当の「シティズンシップ」教育を学科目から外すことを謳っているため，かえって同法に対する反発を惹起している。

学校の外部の社会空間ではカスティーリャ語の使用が圧倒的である現実を目前にして，バスク語使用に対するポジティヴ・アクションの一種であるDモデルを学内において担保することは，地域アイデンティティの育成に不可欠だと認識されているのである。

5-3. 自治州法の射程

　現行憲法の下で1980年にバスク自治州政府が発足して以来，つねに政権の座にあったのは，単独政権であれ連立政権であれ，バスク・ナショナリスト党（PNV）である。PNVはバスク地方に根ざした地域政党だが，スペイン国会や欧州議会にも議席を有する。スペイン国会において二大全国政党のPSOEないしPPがどちらも単独過半数に達していない場合に，PNVは，同じく国会に議席を得ているカタルーニャの地域政党などと協力して，国政を左右するキャスティング・ボードを演じながら，自らに有利な取引を引き出してきた。

　LOMCEに対して，PNVほかバスク・ナショナリスト勢力はいっせいに反対の立場を表明し，廃案を求めていくことも辞さない構えである。スペイン全体でみると，宗教教育の義務化と「シティズンシップ」教育科目の廃止が，LOMCEをめぐる最大の係争点である。しかし，元来カトリック教会の影響力の強いバスク自治州では，宗教教育の義務化がさほど争点となっていない。また，「シティズンシップ」教育科目の廃止についても，反対の立場が強いものの，LOMCEが動機の説明を巧みに行っているとおり，「シティズンシップ」教育は既存の学科に組み込むことで一定程度実現可能と考えているため，さほど問題視していない。例えば，バスク自治州版の中学校社会科教科書には，武装闘争によるバスク独立を目指す非合法組織の元メンバーをいかに社会復帰させるか，といった類の質問が挿入されており，授業の中で議論が行われる。また，LOMCE反対のデモを生徒が企画する際も，生徒手帳に記されたデモやストライキの手順に準じて実行されている。このように，学校生活のさまざまな機会に実践的な「シティズンシップ」教育が行われているからである。

バスク自治州政府が最重要視しているのは，バスク独自の教育体制の確立である。自治州教育省は，LOMCE公布直後の2014年2月に，早速「新教育2020（Heziberri 2020）[27]」計画を公表して，教育に臨む自らの基本姿勢を明らかにしている。そこでは，バスク語を基軸に据えた多言語教育や，文化の多様性に配慮した統合教育の推進など，個人と社会のアイデンティティの拠り所を培う自律的な教育に関する基本理念が掲げられている[28]。事項は多岐にわたるが，通底しているのは，「バスク」という地域的・文化的な「個別特殊性」をそれ自体の中に閉じ込めるのではなく，人権や多様性の擁護等の「普遍性」との関わりにおいて捉えようというスタンスである。「個別特殊主義の普遍化」と「普遍主義の個別特殊化」の相乗作用を目指しているといってよい。あるいは，理想的ないし理念的すぎるかもしれないが，「帰属意識よりも参加意識を」ではなく「帰属意識も参加意識も」，「アイデンティティよりも人権を」ではなく「アイデンティティも人権も」という，チャレンジングな企図といってよいだろう。

　「新教育2020」は，「LOMCEよりも先を行く」計画として，フランス出身のエドガー・モラン[29]やジャック・ドロール[30]の著作を引用しつつ，EUの「EU2020」戦略プランをはじめ，UNESCOやOECD等の国際機関の掲げる目標や指標を参照基軸に設定している。同計画によれば，今後「バスク・カリキュラム」に関する省令を立案（2015年9月現在審議中）し，さらに「バスク教育法（仮称）」の公布を予定している。こうした行程に直近で影響を与える要素があるとすれば，2015年末のスペイン総選挙の結果である。また，「新教育2020」計画が拠って立つヨーロッパの多文化主義は，イスラームを筆頭とする非キリスト教者との対峙が緊迫するなかで，深刻な試練に直面している。多文化主義の行方は，中長期的には，この計画の将来に何らかの影響を及ぼすであろう。バスク自治州政府が，近々どのような具体的な教育施策を提示するのか，大いに注視される。

おわりに

　以上見てきたように，スペインでは，教育行政の施策権限が各自治州の行政当局にある。教科書に関し，国家は事前許可制を廃止し，事後チェックを行うにすぎない。たしかに，1990年代の「歴史教育改革」論争以降，社会科教科書（歴史）には自国史がきちんと叙述されるようになった。しかし，自治州政府の裁量によって，各自治州の実情に即した内容を挿入できる余地はつねにある。こうした裁量権がもっともよく発揮されるのが，各自治州の地域史の描写であろう。本章で見たバスク自治州版社会科教科書においては，地域史の叙述は量的に限定的であるだけでなく，取り扱われ方がまちまちである。従って，今後何らかの指針が示されていくものと思われる。

　その場合，自治州単位の地域史は，政治行政単位である自治州という枠組みの固定化に繋がり，地域固有の歴史や文化の理解のむしろ妨げになる可能性はないだろうか。また，他の自治州の地域史を取り上げるに際し，複数の自治州版教科書の間で認識や解釈の相違が生じたときに，どのように調整するだろうか。さらには，自治州の境界を越える地域の歴史文化の叙述は，それがエウスカル・エリアのように国境を越えて広がる場合であっても，「自国史」の立場から許容できるだろうか。このような疑問は，歴史教科書をめぐって国家が対峙する国際問題と根っこを同じにしており，結局は，歴史の認識，解釈，叙述の仕方という根元的な問題に行き着く。

　後発国として近代化に乗り出したスペインは，国民を二分する内戦を19世紀以来幾度か経て，しばしば国家主義の強権的な独裁体制の発生を招いた。こうした歴史に鑑みて，1978年憲法は，不可分一体の国家を緩やかに統制する自治州体制を採用した。過去の世論が二分された理由を突き詰めれば，国家と国内諸地域との関係，国家権力と宗教権力との関係，の２つをめぐる係争であったことから，現在のスペイン当局も，とくにこれらの案件については慎重に対処している。

とはいえ，教育政策に明らかなとおり，二大政党が交代するたびに国家の方針が大きく変わるという現状は，上述のような係争に関する国民の合意が得られていないことの証でもある。スペイン国民どうしが最後に殺し合ったのは，1936年から39年にかけての内戦であり，その後は1975年まで内戦の勝者の論理が席巻した。内戦の被害者に対する復権と補償を目的とする「歴史の記憶に関する法律[31]」が発布されたのは2007年のことだったが，「歴史」といかに向き合い，いかにその「記憶」を紡いでいくかという「戦後処理」は，未完の作業として今なお継続中である。もっとも，その作業の進捗状況の一端は，少なくとも社会科教科書に映し出されているはずである。

【付記】筆者の聴取等に特段の配慮を賜ったバスク自治州ゲルニカ・インスティテュートの社会科教師Lola Goirizelaia Ruiz de Azuaさんが，2015年10月に急逝された。ここにお名前を記し，感謝と哀悼の意を表します。

【注】
1) EU諸国の「シティズンシップ」教育の事例紹介とそれに基づく論考として，近藤（2013）が参考になる。
2) 近藤，前掲書，6頁。
3) Ley 14/1970, de 4 de agosto, General de Educación y Financiamiento de la Reforma Educativa.
4) Ley Orgánica 1/1990, de 3 de octubre de 1990, de Ordenación General del Sistema Educativo.
5) 安藤（2008）64頁。
6) Ley Orgánica 10/2002, de 23 de diciembre, de calidad de la educación.
7) Ley Orgánica 2/2006, de 3 de mayo, de Educación.
8) Ley Orgánica 8/1985, de 3 de julio, reguladora del derecho a la educación.
9) Real Decreto 1631/2006, de 29 de diciembre, por el que se establecen enseñanzas mínimas corres-pondientes a la Educación Secundaria Obligatoria.
10) 詳細は，スペインの教育制度概要とマドリード自治州の事例を詳述した村越（2011）を参照のこと。
11) そのいくつかの立場については，村越（2014）を参照されたい。
12) Ley Orgánica 8/2013, de 9 de diciembre, para la mejora de la calidad

educativa.
13) 正確には，本則の第１条の他に，序文，補則規定，経過規定，最終規定から成る。要は，本則が１条しかないという点である。
14) 例えばLOEに基づくバスク自治州の政令。Decreto 175/2007, de 16 de octubre, por el que se establece el currículo de la Educación Básica y se implanta en la Comunidad Autónoma del País Vasco.（Modificado por el Decreto 97/2010）.
15) アロステギ・サンチェス他（2014）385頁。Puelles, 2007.
16) アロステギ・サンチェス，前掲書，385頁。Puelles, *op.cit.*
17) Real Decreto 1744/1998, de 31 de julio, sobre uso y supervisión de libros de texto y demás material curricular correspondientes a las enseñanzas de Régimen General.
18) Asociación Nacional de Editores de Libros y Material de Enseñanza.
19) Dávilla Balsera y Erriondo Korostola, 1998, p.539.
20) 筆者は，2012年12月，2013年９月，12月，2014年９月の４回にわたり，バスク自治州ビスカイア県の３つの中学校（公立２校，私立１校）とナバーラ自治州のひとつの私立中学校を訪問する機会を得た。いずれもバスク語のみを教育言語として使用する男女共学の中学校である。紙幅の制約上，ここに関係者の名前を列挙する余裕はないが，中学４年生の社会科の授業を見学し，生徒たちと討論の場を設け，さらに各学校の校長や社会科教師に対する聴取を，バスク語を用いて実施した。なお，スペインの中学校は，法的に「公立学校」，「私立学校」，「公的助成金給付対象私立学校」の３つに分類される。バスク自治州の「私立学校」はすべて「公的助成金給付対象私立学校」であり，スペインの他の自治州と異なる特徴を呈している。
21) ここに列挙した教科書の抽出に際しては，筆者が訪問した現地中学校の中でも，ともすれば特定の宗派や思想を反映しがちな私立学校ではなく，比較的大局的見地に立つ公立学校関係者の意見を汲み取った，バスク自治州ビスカイア県において使用頻度が比較的高いと思われる教科書である。なお，本文3-2で言及したバスク自治州を主たる販路とする教科書出版社３社に関して，イバイサバル社とエレイン社は，中学校社会科教科書を発行していない。また，バスク・ナショナリズムとの親和性が高いイカセルカル社は，ビスカイア県の東隣のギプスコア県に本拠地を置き，ギプスコア県での販路が大きい。このため，これら３社のいずれも表4-5に含まれていない。
22) ごく簡単に粗描すると次のとおりである。(1) 社会的事実を律するプロセス

とメカニズムの同定。(2) 自然環境決定要因をさまざまな尺度で理解して分析。(3) 複数の社会の相互作用の結果として領域を把握。(4) 世界の地理的多様性の基本的特徴の理解。(5) 歴史的事件の経緯を時間と空間の中に位置づけ。(6) 文化的多様性に対する価値づけ。(7) 芸術活動の基本技術の理解。(8) 専門用語の習得。(9) 史資料の多面的解釈。(10) グループワークと討議の実践。(11) 民主主義社会の機能の理解。

23) この辺りの経緯は，中塚（2002）に詳しい。
24) Euskaltzaindia (2004)．
25) 10/1982 Legea, azaroaren 24koa, Euskararen erabilera normalizatzeko oinarrizkoa.
26) 例えば，幼少期をバスク自治州の外で過ごしてきた者やバスク自治州に一時的に滞在する者が該当する。しかし，言語モデルは学校単位で選択するため，実際にこのXモデルを採用する学校は，きわめて例外的にしか存在しない。
27) Eusko Jaurlaritza (2014)．なお，バスク語でheziは《教育する》，berriは《新しい》の意味。
28) バスク自治州政府の構想は，多くの点でLOMCEと相容れない。例えば，まずバスク語を基軸とする多言語教育を擁護してやまない。また，中学校4年生でアカデミック教育と職業実践教育にコース分けすることにも，もっと高い年齢段階で選択すべきだとして，導入しない意向である。さらに，大学入試につながる全国統一評価制度についても，バスク地方の歴史・文化が軽視されかねないとの理由から反対しており，評価制度の導入時期を遅らせることでスペイン政府との交渉にいったん成功している。
29) Edgar Morin。1921年フランス生まれの哲学者，社会学者。
30) Jacques Delors。1925年フランス生まれの経済学者。フランス大蔵大臣や欧州委員会委員長を歴任。
31) Ley 52/2007, de 26 de diciembre, por la que se reconocen y amplían derechos y se establecen medidas en favor de quienes padecieron persecución o violencia durante la guerra civil y la dictadura.

【参考文献】
《教科書》
（中学4年生「社会科学／歴史」のバスク自治州版。冒頭の番号は表4−5の番号に対応。）
① *Gizarte Zientziak, Historia DBH 4*, Ediciones SM, s.l., 2008.

② *Gizarte Zientziak, Historia 4 Derrigorrezko Bigarren Hezkuntza*, Giltza-Edebé, Bartzelona, 2009.
③ *Geografia eta Historia 4 DBH*, Zubia-Santillana, 3 bolulmenezkoa, Etxebarri,2011.
④*Historia, Gizarte Zientziak, 4 Bigarren Hezkuntza*, 3 bolumenezkoa, Anaya, Madrid, 2012.
⑤*History, Social Science, 4 Secondary Education*, Anaya, Madrid, 2012.
⑥*ESO 4 History*, Oxford University Press España, Madrid, 2012.
⑦*Gizarte Zientziak, Historia, Bigarren Hezkuntza 4*, 2 bolumenezkoa, Vicens Vives, s.l., 2013.

《著書・論文等》
J.アロステギ・サンチェス他，立石博高監訳『世界の教科書シリーズ41　スペインの歴史―スペイン高校歴史教科書』明石書店，2014年
安藤万奈「ゆりかごから大人へ」碇順治編『ヨーロッパ読本　スペイン』河出書房新社，2008年
近藤孝弘編『統合ヨーロッパの市民性教育』名古屋大学出版会，2013年
中塚次郎「歴史学とナショナリズム」立石博高・中塚次郎編『スペインにおける国家と地域』国際書院，2002年
村越純子「スペインの義務教育制度におけるシティズンシップ教育教科の位置づけ」『埼玉大学紀要教育学部』60（1），2011年
――「スペインの『学校の宗教教育』の概要」中央教育研究所『研究報告』No.81, 2014年
Dávila Balsera, Paulí y Erriondo Korostola, Lore, "Los libros de texto en euskera," Escolano Benito, Augustín (dir.) *Historia ilustrada del libro escolar en España. De la posguerra ala reforma educativa*, Fundación Germán Sánchez Ruipérez, Madrid, 1998, pp.519-545.
Escolano Benito, Agustín (dir.)*Historia ilustrada del libro escolar en España. De la Posguerra a la reforma educativa*, Fundación Germán Sánchez Ruipérez, Madrid, 1998.
Euskaltzaindia, "Euskaltzaindiaren 139. araua," *Euskera*, XLIX, 1, 466-470.orr, 2004.
Eusko Jaurlaritza, *Heziberri 2020, Hezkuntza-Eredu Pedagogikoaren Markoa*, Vitoria-Gasteiz, 2014.
Puelles Benítez, Manuel de, "Política escolar del libro de texto en la España contemporánea," *Avances en supervisión educativo*, Núm. 6, 2007.

第5章

地域アイデンティティと社会科教育
―コルシカの事例―

はじめに

　フランスは地方分権に関して，ドイツの連邦制やスペインの地域自治と比較すると，中央集権の傾向が強い。しかしながら，フランス革命以前の地方（provence）の独自性や他領から併合された歴史をもつ各地の文化を色濃く残してもいる。本章では，そうした独自文化をもつコルシカを例にとり，フランスの社会科教育を通して，フランスの地域の独自性の教育が言語に特化されていることの具体例の提示とその背景要因について考察したい。そのために，まず対象地域のコルシカについて概要を提示したのちに，フランスの中等教育における社会科教育とその中での地域についての教育の枠組み，最後に具体的なコルシカの地域で独自に展開されている教育例から，フランスの中等教育における社会科あるいは地域文化教育の特徴を示したい。

1. コルシカ概要

　フランス語でコルス地方自治体（Collectivité territoriale de Corse）[1]と呼ばれるコルシカ[2]は，面積8,680km²の四国の半分ほどの小さな島で，フランス領よりもイタリアに近い位置にある島である。人口は2015年1月1日の統計で316,257人，コルシカ語話者は14万から24万人ぐらいと幅広く推計されている。人口密度は他の地中海島嶼が56人/km²平均に対して36人/km²と低い傾向にある。また，表5-1から，本章でとりあげるコルシカはフランス国家において非常に特別な地位にあること，そしてフランスの中等教育は県の管轄にあるということを確

表5-1　フランスの地方自治体（Les collectivités territoriales de la République 2014）

自治体		数	事務機能	
			分野	内容
コミューン Communes		36,681	教育	小学校・幼稚園の施設，通学交通機関
	本土 Métropole	36,552	社会福祉	保健所
	海外県	129	住宅	居住条件計画
	海外自治体とニューカレドニア		運輸・港湾	ヨットハーバー，交通機関は規模により分担
			都市計画	土地占有改革，建築土地利用許可
			民間経済への参加	目的に応じた援助，第三セクターの設立
県 Départements		101	教育	中学
	本土 Métropole	96	社会福祉	ほぼすべての事務
	海外県	5	国土整備	農村部整備援助計画・補助金，農地区画整理事業
			運輸・港湾	商業港・漁業港，養殖業者への援助，交通機関は規模により分担
			民間経済への参加	目的に応じた援助，第三セクターの設立
地域 Régions		27	教育	高校，特別教育
	本土 Métropole	21	職業訓練・実習	ほぼすべての事務
	コルシカ地方自治体	1	住宅	援助プログラム，土地取得補助金
			計画化	地域計画の策定と実施
海外自治体		6	国土整備	公共事業の調整，観光地整備

出所）INSEE, *Code officiel géographique*.

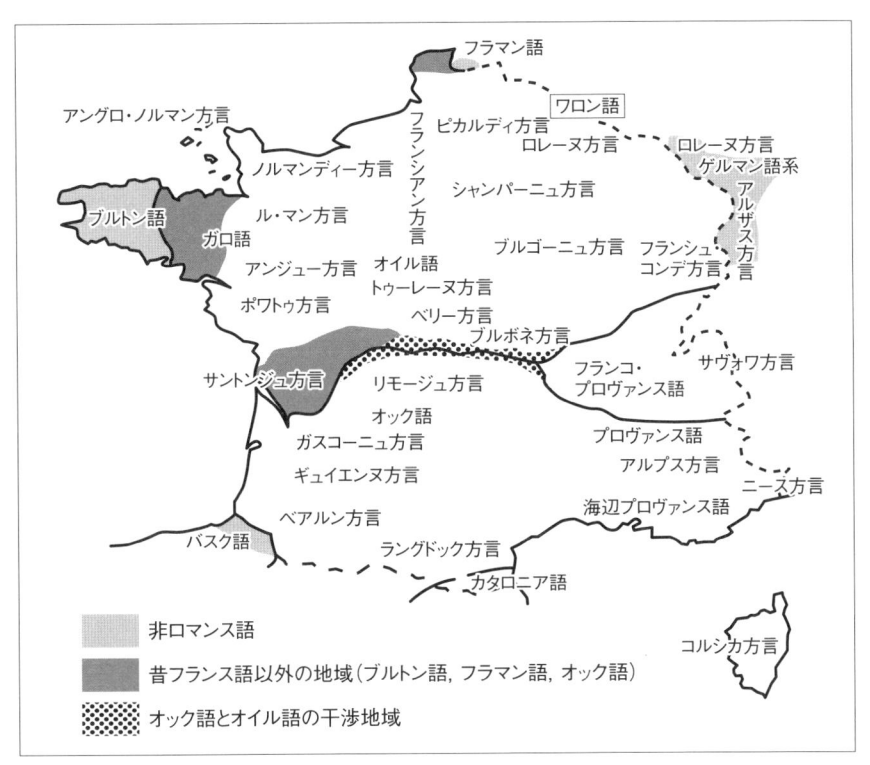

図5-1 フランスの言語・方言地図
出所）ヴァルテール2006[3]

認しておきたい。

　またフランスには多様な言語があること（図5-1）は周知のことであり，フランスの地域に関して，社会科教育に関する地域文化の位置づけ，分権化を考えるにあたっては，それぞれの地域の歴史が言語を主軸に差異化されながら語られることが多いことを記しておきたい。このことから，フランスの社会科教育を考えるには，地域的多様性とその教育が言語と深く結びついていることと，それゆえに地域間の差異も大きいことに留意しなければならない。

2. フランスの教育制度と地域語

　フランスの教育制度は第三共和制以降に制度として全国に展開されたが（表5-2），フランス語が成立したのはトゥール公会議あたりではないかと言われている[4]。正式な言語としてステータスを与えられたのは，1500年代になってからで，それ以前に言語として確立されていたわけではない（表5-3）。フランスの中でフランス語が浸透したのは，第一次世界大戦，第二次世界大戦の間ではないかと思われる。革命期においてグレゴワールがパトワ（俚語）の廃止を提唱しているが，実際のところフランス語を理解し，話していたのは人口の12％ほどで，かつ書くことができた人はもっと少ないと言われている。パトワを廃止しながらも，実はほとんどがフランス語を話せなかったといわれ，1898年のコルシカ徴兵適齢者のなかで13％しかフランス語を理解できなかったともいわれていることから，革命後100年ほどは，とくに周辺では言語的多様性を維持したままであったことがうかがえる。19世紀後半のフランスの義務教育化とのせめぎあいが，図らずも地域主義を目覚めさせ，1960年代以降の地域文化の再発見において，多くの文化的資源を残すことになった。

表5-2　フランスの政治体制

1792－1804年	第一共和制
1804－1814年	第一帝政
1814－1830年	復古王政
1830－1848年	七月王政
1848－1852年	第二共和制
1852－1870年	第二帝政
1870－1940年	第三共和制
1940－1944年	ヴィシー政府
1944－1946年	連立政権
1946－1959年	第四共和制
1959年以降	第五共和制

出所）フランス国民教育・高等教育・研究省ホームページ[5]により筆者作成

第5章　地域アイデンティティと社会科教育　101

表5-3　フランス言語関連年表

BC58-51	ガリア全土のローマ支配　ケルト語からラテン語へ
5C末	フランク族首長クロヴィス　ゲルマン語とラテン語併用
813年	トゥール公会議 「フランスの司教達は，すべての人々が理解できるようにrustica romana lingua（粗野なローマ的言語）を用いるように」＝初期古フランス語
842年	『ストラスブールの誓約』 『ルイ敬虔王の息子たちの歴史』ラテン語数行のゲルマン語とロマンス語
1531年	ニーム　ラングドック地方三部会の健言とフランソワ1世の応答
1539年	ヴィレール＝コトレの勅令　フランソワ1世 第111条「…高等法院ならびに他の下級法院のすべての裁決および他の全ての手続き，記録簿，予審調書，契約，業務命令，裁判記録，執達書等，爾後，他の言語でなく，ことごとく母語なるフランス語にて申し伝え，記載し，当事者に交付されるべきことを，余，国王は欲するものである。」
1635年	アカデミー・フランセーズ創設　語彙統制　文法規則
1694年	『アカデミー事典』
1794年	グレゴワール　全てのパトワの廃止を提唱　2500万人中300万人 共和国の法律の理解のために　フランス語の教育
1820年	初等教育機関　一種のカテキスムのような学校
1833年	ギゾー法（loi Guizot）　コミューヌごとに男子の学校が開設
1850年	ファロ法（loi Falloux）　女子にも公立小学校が開かれる
1881-2年	フェリー法（loi Ferry）　小学校（école）が無償の義務教育
1911-2年	「フランス言語地図」（Atlas Linguistique de la France:A.L.F.）
1951年	ディクソンヌ法（loi Deixonne） 国家による初等・中等教育でのバスク語，ブルトン語，カタロニア語，オック語の週1時間の選択学習を認める
1964年	フランス語高等院（Haut Conseil de la langue française）設立 フランス語高等委員会（Haut Commissariat du la langue française） フランス語委員会（Délégation à la langue française）

出所）フランス国民教育・高等教育・研究省ホームページ（2015年7月3日閲覧）ヴェルテール（前掲書）等により筆者作成

　次に，現在のフランスの教育体制について文部科学省ホームページの資料（図5-2）によれば，変則的な部分もあるが，おおよそ5,4,3制で，リセといわれる高校に相当する部分の1学年までの10年が義務教育になっている。中

等教育の学年次はリセの最終学年を終学年（terminale）として高校2年をリセの第1年（1re）と呼びカウントダウン方式になっている。したがって，中学1年生は6学年となり，中等教育はコレージュ1年生から順に6，5，4，3，2，1となっている。コレージュの4年間が終わった後に学力認定試験を受ける。ここにフランスの教育の特徴があるといえ，前期中等教育修了時に統一の試験を受け，後期中等教育リセ修了後の中等教育レベル証認の国家資格バカロレアを受けることで，地域特性をうすめ国家で統一された知識，思考方法が浸

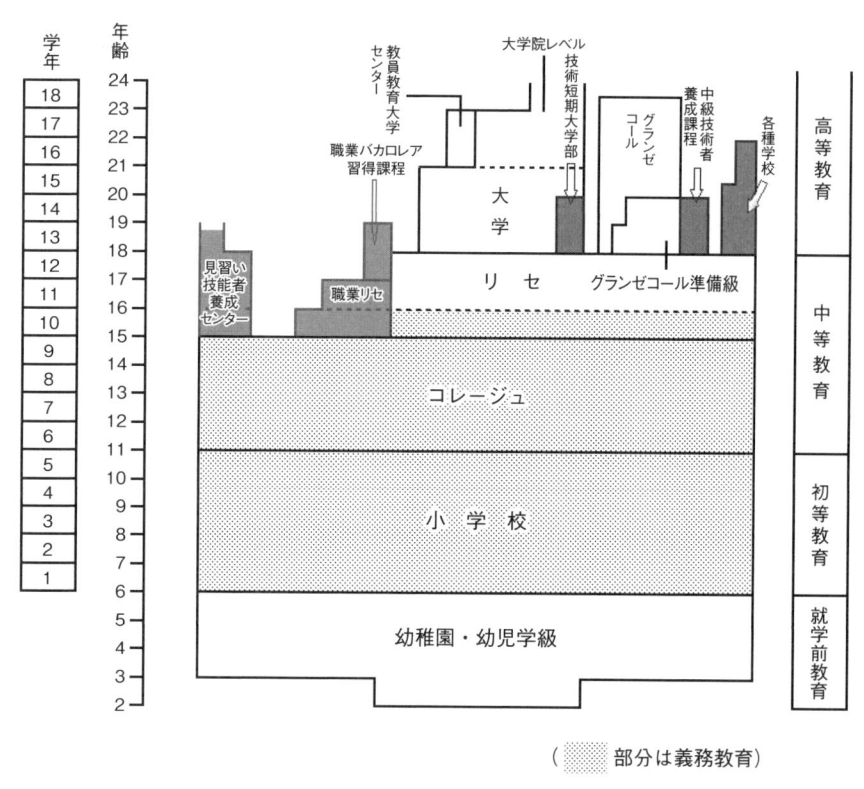

図5-2　フランスの学校系統図

出所）文部科学省ホームページ[7]

透する[6]。

3. コルシカ語と教育

前述のように19世紀までは地域の言語的多様性を保持しながら、2つの大戦以降フランスの画一的な教育の中で、どのように地域文化を公的教育に組み込んできたのか、コルシカの事例から提示したい。

3-1. コルシカ語成立の歴史

コルシカで話されている言語はコルシカ語／コルソウ語といい、イタローロマンに属し、ロマンス諸語の一部としてあるが、フランス語とは語彙における差異が非常に大きく、文法にも多少差異をもつ言語である。コルシカ語の中にも方言があり、北からカップコルス方言、シスモンタノ方言、中間方言、オルタロモンタノ方言、サルテネ方言、ガルレーゼと分類されている[8]。また歴史という観点からみると、フランス史の中では1768年ブルボン王朝がジェノバ共和国からコルシカを割譲し、以降はフランスの中での地方行政史として位置づけられるにすぎないが、コルシカ史の中では1817年ぐらいまで対フランス蜂起があり、フランス支配への抵抗の歴史を記している（表5-4）。

フランスにおいて少数言語地域に関する重要な法律は、ジョスパン法（1989年）であり、「フランス語、およびフランス語以外の2言語の習得を基本的目標とする」と規定し、さらに地域に関する文化を学ぶということを初めて明言した。ここからフランスの地域文化教育が財政面での支援を受けて、教材が充実してくるということになる。さらに、2000年代以降はEUのスキームの中で、国の教育が規定されていく傾向をとっている。コルシカ語の歴史に関して特筆すべきは、オック語、ブルトン語、アルザス語などの他の地域言語に比べ、言語としての成立が非常遅いことである。コルシカにおいて、19世紀初頭まではフランス語イタリア語の2言語併用広報であり、コルシカ語の公文書は実はな

いといわれている。今あるコルシカ語は，19世紀の末から20世紀初頭の言語運動の中で基礎が創られ，当時の語彙集などをもとに1960年代の教育運動の中で練り上げられた経緯があり，記述された言語として新しいことは留意すべき点である[11]。

表5−4　コルシカによるコルシカ史および地域語関連年表

1729年 −	ジェノバ共和国からの独立とフランス軍との戦い
1755〜69年	パスカル・パオリの指揮の下，独立政府樹立
1768年	ブルボン王朝がジェノバ共和国からコルシカを割譲
1794年	anglo-corse王国
1817年	Fium'orbuの蜂起
1827年	フランス語・イタリア語2言語表記の広報からフランス語のみの広報へ
1827年	行政命令　ポケットピストルの禁止
1853年	武器の携帯禁止
1890 − 1939年	コルシカ語の文化活動期
1960年代以降	地域主義運動
1964年	パリの学生の民族連合「コルシカの言語と歴史の小学校からの教育」を宣誓
1973年	コルテで夏大学が開始
1974年	ディクソンヌ法の適応
1975年	アレリア事件（ワインに関する汚職・贈賄を告発し，ワインカーブを占拠）
1981年5月	フランソワ・ミッテラン大統領　少数言語・文化の尊重の政策
1981年	コルシカ大学の創設
1982年	サヴァリ通達　地域語教育の開始
1983年5月26日	バカロレア試験で地域言語が認められる（1988年アルザス）
1989年	ジョスパン法　フランス語，およびフランス語以外の2言語の習得を基本的目標のひとつとする
1992年6月21日	ヨーロッパ議会（consiel）　「地域言語と少数者の言語に関するヨーロッパ憲章」
1999年5月6日	フランス政府　39条に対して憲章に署名
2001年	コルシカ語使用の小学校設立
2001年	欧州言語ポートフォリオ European Language Portfolio (ELP)　言語学習に関する個人の記録
2002年以降	コルシカ　地域語教員の養成課程
2005年	フィヨン法「将来の学校教育のための方針およびプログラムについて」「少なくとも2つ以上の外国語を使えるようになること」（9条4項）法令実施にあたっての通達事項にCEFRの基準が盛り込まれる
2008年	フランス憲法改正　第75条付記1「地方諸言語はフランスの文化遺産（patrimoine）に属する」

出所）Antonetti（1999）[9]; Luciani（2014）[10]より筆者作成

3-2. コルシカ語教育の現状と問題点

　それでは，実際の地域文化・言語教育はどのように実施されているのだろうか。初等教育では2言語教育の選択，中等教育では，外国語と地域語の選択として，第4学年，第3学年で学ぶことができる。歴史・地理・市民性教育においては，第6学年において地理の「近い空間から考えましょう」が地域文化学習に相当する（表5-6）。最終的に世界全体の把握につながるが，「近い空間の知識から始め，多様性の中に人間社会を位置づけ，異なる生活習慣を発見し，特徴づけるために」自分の身近なところから学びましょうということになっている。今回のシンポジウムで展示した教材はこの単元のためのもので，前述したジョスパン法以降の教材の充実とも関連している副教材によって地域史を学び，社会科教育の中で地域文化・環境を学ぶ。そして，2008年以降，コルシカ教育資料地域センター（Centre Régional de Documentation Pédagogique de la Corse）のEducorsicaのサイトから，各学年の教材をインターネット上で使用すること，PDF等でダウンロードすることが可能になっている。言語の発音もこのサイトから学ぶこともできる。

　現在，コルシカの地域文化教育での課題は以下の2点が挙げられる。第1に，コルシカ語には正書法と標準語がなく，教員の知識や指導技術の能力に左右され，出身地の方言が主流になりやすい危うさを含んでいることだ。コルシカ語教育を推進する立場の人びとは「複法言語」（langue polynomique）の概念を採用し，正書法と標準語を規定しない方針をとった[14]。「標準コルソウ語として話し言葉の一つを押し付けたいとする欲望，他の形式の話者にとって必然的に横暴で受け入れがたい方法は退かされ」，「コルソウ語は（フランス語のように）国家が公用語に採用することもなく，アカデミーが担当してもおらず，（イタリア語のように）同一の形を使用した天才的作家の成功もない」[15]ことからこの方針を採用したが，結果的に政治家，文学者，テキスト作成者の言語になっているという指摘もある。「〈政治文化的活動家〉によって創られたと推察され，

表5-5 フランスの中学校における科目別履修時間（週）

	第6学年	第5学年		第4学年		第3学年
		共通	職業課程	共通	職業課程	共通
フランス語	4h30（うち30分はグループ学習）あるいは5h	4h	5h	4h	5h	4h30
数学	4h	3h30	4h30	3h30	4h30	4h
第一現代語(外国語)	4h	3h	4h	3h	4h	3h
第二現代語(外国語/地域語)				3h		3h
歴史・地理・市民性教育	3h	3h	4h	3h	4h	3h30
科学と技術						
生命と土地の科学	1h30（うち30分はグループ学習）	1h30	2h30	1h30	2h30	1h30
化学+物理(4学年から)		1h30	2h30	1h30	2h30	2h
技術	1h30（うち30分はグループ学習）	1h30	2h30	1h30	2h30	2h
芸術						
作品制作	1h	1h	2h	1h	2h	1h
音楽	1h	1h	2h	1h	2h	1h
体育	4h	3h	4h	3h	4h	
必修科目時間	24h30	23h	33h	26h	33h	25h30
課外		0h30				
職業発見						3h ou 6h
ラテン語+ギリシャ語(第3学年から)		2h		2h		2h
地域語				2h		
第二現代語(地域語/外国語)						2h
生徒への支援，個人学習の支援	週2h					
学活		年間10h	年間10h	年間10h	年間10h	年間10h

注1）それぞれの学年のカリキュラムを規定する大臣令
　　　第6学年 arrêté du 14 janvier 2002, 第5，4学年 arrêté du 14 janvier 2002 fixant l'organisation des enseignements du cycle central de collège. arrêté du 6 avril 2006 relatif à l'organisation des enseignements du cycle central, 第3学年 arrêté du 2 juillet 2004
　2）「職業課程」：職業と教育制度の発見行程（PDMF：parcours de découverte des métiers et des formations）
　3）「職業発見」（DP：découverte professionnelle）

出所）Ministère de l'Éducation nationale, de l'Enseignement supérieur et de la Recherche[12]．

表5-6 フランスの中学校における「歴史・地理・市民性教育」

全体の目的	時間,空間,人口統計学的価値体系によりよく位置づけられた文化的準拠を作り出すこと,および責任ある市民になること			
	歴史:共通文化。過去の遺産と現在の世界の争点に関する認識 地理:世界への興味と知識。見識を持った探求の民に必要な枠組み/軸を持つ 市民性教育:責任を持った個人となる準備。市民性を理解するための基礎的知識と実践練習			
	第6学年	第5学年	第4学年	第3学年
歴史分野	オリエント文明,ギリシャ・ローマ,ユダヤ教とキリスト教の始まり	7世紀から17世紀の大文明(イスラム教,中世ヨーロッパ文明;キリスト教,封建制度,国家の始まり,アフリカ史)	18世紀から19世紀(産業革命),フランス革命は中心プログラム,奴隷貿易と奴隷制度も大いに扱う	1914年以降の世界史(2つの大戦,1945年以降の世界の地政学上の全体主義体制,それらがフランス政治史に何をもたらしたか)
地理分野	近い空間(風物や土地)の知識から始め,多様性の中に人間社会を位置づけ,異なる生活習慣を発見し,特徴づけるため世界へ展開	人口統計,生活条件の不平等,富と社会発展,社会と諸資源の関係(土地と人間の間の管理,利用,保護,共有)	諸風景を元に,簡単な説明文を収集し,グローバリゼーションの過程での分析と説明をして討論する	近くの土地と住民から,ヨーロッパ,世界,EUに開かれた生産空間としてのフランスを理解。フランスとEUの世界での役割について目を開かせる
市民性分野	社会生活と政治の複雑さの基礎を学ぶ。具体的状況例(クラスの代表者選挙)から市民性のキー概念や語彙の手がかりをつかむ			
	中学生,子ども,住民の概念を介した集団生活	ライシテ(laïcité)のような重要な原理	多様性・平等・保障・自由・権利・正当性の価値	フランス共和国とその民主主義的組織

出所) Ministère de l'Éducation nationale, de l'Enseignement supérieur et de la Recherche[13]。

彼等は話し,書き,法律を制定し,文学を創り,それらを教育し,語彙(用語辞典)を創り,メディアを占拠し,そこでは同じように分析まで創造していることもある」[16]。

第2に,教育言語と日常使用の「生きた言語」の乖離と伝承の困難がある。旧来,村のことばとして存続していた生きた言語と,教育の中で伝達されている言語がかなり違ってきていると言われている[17]。2014年の調査[18]によれば,現在コルシカ語の教員養成は高等師範学校(ESPE: Ecole superieure du professoral et de l'education)が担っており,大学2,3年間で教職課程授業,修士1年目に教員採用試験の準備勉強,修士2年目はコルシカの教育セクターで

あるアカデミーでの教員教育というカリキュラムで行われている。大学時の登録は50人ほどで，最終的に残るのは20人ほどである。教員志望の動機はまずコルシカに残ること，次に家族の文化としてコルシカ語を話す環境にあったこと，最後にコルシカ文化を守り発展させる社会闘争家（ミリタント）として文化継承の意志が挙げられる。確かに，彼らは自分たちの文化資本を使い，生まれた土地で生活し続けることを可能にしており，自分たちの文化を守ろうとしているが，それが日常で使われるほどの伝承になっているのかは疑問がある。実際に表5-7で提示されているように，コルシカ語の教員は不足しており，地理的条件のため学校が点在し，教員配置も難しいことから，教員免許を持たない人が教えているケースもあり，かなり現場の裁量に任された教育実態であることがうかがえる。

また，表5-8はコルシカにおける学年ごとのバイリンガル教育受講者数を示している。ここから2言語のクラス受講者は増加しているとわかるが，学年が上がるにつれて少なくなっている傾向がみられ，時間数も週3時間以下が全体の71.52%と言語が定着するほどの時間数が取れているとはいいがたい。さらに，コルシカは外国人比率がフランス本土平均よりも高く，10%弱であり，小学校

表5-7　コルシカの学校

	2010-11		2011-12		2012-13	
	実数	%	実数	%	実数	%
学校	255		254		254	
2言語学校	101	39.61	108	42.52	120	47.24
クラス数	1119		1111		1119	
2言語クラス	272	24.31	299	26.91	321	28.69
教員数	1227		1231		1241	
コルシカ語を話せる教員	592	48.25	598	48.58	617	49.72
コルシカ語を話せない教員	635	51.75	633	51.42	624	50.28
教員免許を持つ教員	346	28.20	373	30.30	411	33.12
教員免許を持たないコルシカ語教員	246	20.05	225	18.28	206	16.60

出所）Centre Régional de Documentation Pédagogique de Corse : CRDP-Corse[19]．

によっては80%以上が外国人あるいは外国人の親を持つ生徒であることもある。このように，地域の文化を地域で発展させる理想と高等教育への進学やコルシカに出自を持たない人への選択の自由という妥協の中で，地域文化教育を中等教育以降で深化・展開させることは非常に困難であるといえよう。

表5-8　コルシカ語2言語教育受講者数

	2010-11		2011-12		2012-13	
	実数	%	実数	%	実数	%
幼稚園　2歳児	225		208		165	
内2言語教育	46	20.44	87	41.83	54	32.73
幼稚園　3歳児	2808		2983		3011	
内2言語教育	873	31.09	970	32.52	1041	34.57
幼稚園　4歳児	2934		3069		3104	
内2言語教育	926	31.56	1049	34.18	1137	36.63
幼稚園　5歳児	2942		2915		3042	
内2言語教育	933	31.71	1030	35.33	1090	35.83
小学校　就学前	3139		3224		3192	
内2言語教育	805	25.65	920	28.54	1039	32.55
小学校　1年	2991		2965		3239	
内2言語教育	669	22.37	710	23.95	859	26.52
小学校　2年	2968		2887		2854	
内2言語教育	517	17.42	641	22.20	652	22.85
小学校　3年	2970		3017		2946	
内2言語教育	585	19.70	633	20.98	612	20.77
小学校　4年	3078		2905		2992	
内2言語教育	566	18.39	580	19.97	581	19.42
特別学級	200		184		157	
内2言語教育	0	0.00	0	0.00	0	0.00
幼稚園小学校合計	24255		24357		24705	
内2言語教育	5920	24.41	6620	27.18	7065	28.60
中学校合計	24065		24337		24670	
内2言語教育	6535	27.16	7130	29.30	7773	31.51

注）　中学は学年ごとではなく合計数しか公表されていないため正確さに欠ける。
出所）Centre Régional de Documentation Pédagogique de Corse : CRDP-Corse[20]

4. おわりに～もはや脅威ではない地域の多様性～

　こうしたいくつかの困難を抱えるフランスのコルシカにおける地域文化・言語教育から見てくるのは以下の4点である。第1に，現代フランスでの地域文化は文化遺産と位置づけられ，地域言語が文化的多様性の表象となっており，外部から資本を呼び込む，あるいは公的財政支援を受けられる対象としての公共事業になっているという点である。2008年の法が非常に強く影響を及ぼしており，出版助成およびその周辺事業予算がついている。さらにコルシカ語の教員になることが地域で暮らすための生業になっているのである。

　そして，地域文化が，コルシカの場合，絶対的な自立性をもった総体ではなく，つねに外的要因によって地位と枠組みを決められているということだ。文化という概念そのものにも起因するが，周辺の国境沿いの地域においてその文化は常に相対的な様相を呈する。コルシカの場合，イタリア諸国の一部，フランスの一部，ヨーロッパの一部という対峙する他者との相似・相異によって規定されてきた。コルシカの場合，おそらくEUの多文化主義的な姿勢や2言語以上の修得といった相互理解のためのプログラムが，地域文化・言語教育を積極的に促進することになったと思われる。また，地域文化を社会科科目として教えるためには，相対化するためにも地理の側面だけでなく地域史という時間軸を必須とするものであろう。

　第3にフランスの中の差異の問題は，1980年代以降，地域の問題から移民の統合の問題に移行したということである。地域の差異はヨーロッパの一部の「土着」の文化であり，文化遺産という見地からは，文化的豊かさの指標そのもので，もはや社会問題ではないという考え方である。1985年に小学校・コレージュで「市民教育」教科の復活，1998年7月7日付通達で小学校・コレージュの「市民教育科に市民性教育」，1999年にリセで「市民・法制・社会教育」科の設置，「討論」(le debat) という方法で「人権と市民性の教育」，「個人・集団の責任に関する教育」，「批判的精神の練習や議論の実践によって判断

する教育」の３つのテーマをあつかうこと，2010年10月11日法第1192号「公共の場所における顔面の遮蔽を禁止」（Interdisant la dissimulation du visage dans l'espace public）など「市民とはいかにあるべきか」を社会科教育に多分に入れて，多様な出自をもつ国民統合を図るようになっているのである。地域文化はもはや国家の存立を危うくする脅威ではなくなっていると解釈できる。

　最後に，社会科教育を考え，各国比較するうえで，国家内の知識を問う統一試験の有無が各国の中等教育を差異化しているのではないかという，この各国社会科教育比較研究の知見である。フランスの場合，前期中等教育修了時の認定試験，高等教育の入学試験となるバカロレアの存在というのは非常に大きい。ドイツなど地方分権の国，連邦制の国においては，大学の入学検定試験というものが統一化されていないということがあり，そこでは中等教育の教科書統一がそれほど必然的ではないと言われている。1808年，コルシカが生んだ＜英雄＞ナポレオン＝ボナパルトがつくったと言われるバカロレアによって，実はコルシカの地域性・地域文化教育が失われてしまっているという皮肉な結果になっているのである。

【注】
1)　1991年５月13日法（loi du 13 mai 1991）により，この地位の行政区画となった。
2)　本章では自称名を尊重し，コルシカという呼称を使用する。
3)　Walter, Henriette., *L'Aventure des langues en Occident - Leur origine, leur histoire, leur géographie*, préface d'André Martinet, Robert Laffont. 1994.（平野和彦訳『西欧言語の歴史』藤原書店，2006年，p.301)
4)　Walter, Henriette., 1994, 前掲書
5)　Ministère de l'Éducation nationale, de l'Enseignement supérieur et de la Recherche.（http://www.education.gouv.fr/　2015年７月３日閲覧).
6)　教育内容は国内統一であるが，スケジュールは３つに区分され，割り当てられたA，B，Cのゾーンごとに異なる休み期間のカレンダーになっている。詳しくはフランス国民教育・高等教育・研究省ホームページの学校暦（calendrier scolaire: http://www.education.gouv.fr/pid25058/le-calendrier-scolaire.html　2015年７月３日閲覧）を参照。

7) 「フランスの学校系統図」http://www.mext.go.jp/b_menu/shingi/chousa/shougai/015/siryo/08052807/002/003.htm（2015年7月3日閲覧）
8) 詳しくは，コルシカ史のホームページを参照。http://www.axl.cefan.ulaval.ca/europe/corsefra.htm
9) Antonetti, Pierre., *Histoire de la Corse*, Robert Laffont,1999.
10) Luciani,Diunisu., *Storia di Corsica*, Csdp di Corsica,2014（http://www.educorsica.fr/phocadownload/flipbook/storia_di_corsica/bookflip.html 2015年7月3日閲覧）
11) これに関しては拙著（2003）「地域言語政策と地域主体の変容―コルシカにおけるコルソウ語の事例―」平成13-14年度科学研究費補助金基盤研究B（1）海外学術調査研究成果報告書『EU地域政策の展開と地域の文化・言語問題の実態』pp.46-57.を参照。
12) http://www.education.gouv.fr/cid80/les-horaires-par-cycle-au-college.html（2015年7月3日閲覧）
13) 同上
14) 定松文「言語の創造過程と権力―コルソウ語の創造とコルシカ・アカデミズムの関係を中心に―」広島国際学院大学現代社会学部『現代社会学』5号，2004年，pp.45-60
15) Arrighi, Jean-Marie., *Histoire de la langue corse*, Edition Jean-Paul Gisserot, 2002, p.76.
16) Dalbera-Stefanaggi, Marie-josé., 2001, *Essais de linguistique corse*, Edition Alain Piazzola, 2001.
17) 定松文，前掲書
18) 科学研究費補助金・基盤研究Ⓒ平成23～25年度「ヨーロッパ辺境地域における地域文化の越境性と境界性」における2014年2月11日執筆者によるDirecteur des etudes a l'espe de Corse, Alain di Meglio博士への半構造化インタビュー調査による。
19) Centre Régional de Documentation Pédagogique de la Corse Educorsica. http://www.educorsica.fr/index.php（2015年7月3日閲覧）
20) 同上

補 論

「我々」とは誰か
―国民，公民，言語―

はじめに

　社会科教育とは，現行の中学校学習指導要領によれば，「広い視野に立って，社会に対する関心を高め，諸資料に基づいて多面的・多角的に考察し，我が国の国土と歴史に対する理解と愛情を深め，公民としての基礎的教養を培い，国際社会に生きる平和で民主的な国家・社会の形成者として必要な公民的資質の基礎を養う」ことを目標とするという。つきつめていえば，「我々とともに生きる人間」として必要な資質を養うこと，ともいえるだろうが，そこで求められている資質が多岐にわたることは，このわずか数行の説明を読むだけでもみてとれる。そして，その多様さにいかに向き合うかについて，もっとも真剣に議論されているのがヨーロッパ諸国であろうと思われる。それは，特に90年代前後からの大きな社会変動が，ヨーロッパ諸地域の「我々」枠組みそのものを変容させ，それゆえに「我々とともに生きる人間」を作りあげるための社会科

教育をも問い直す必要に迫られているからである。

　国民国家としての強固な土台を早くから形成してきた西欧諸国では，国家枠組みの問い直しは第二次世界大戦以降事実上タブー視されてきたが（ただしここ数年，スコットランドやカタルーニャの独立への希求にみるように，この点についても変動が起きていることも見逃せない），国民意識から長い間排除されてきた「地域」の枠組み，そして戦後出現し，1990年代以降具現化した「ヨーロッパ」という枠組みの登場によって，「我々」カテゴリーの多層化が起きている。それに対して東欧諸国では，89年以降，「ヨーロッパ」への参入が熱望された一方で，第一次世界大戦後の「民族自決」理念の積み残した宿題が今一度吹き出した。国境を引き直し，「我々国民」の範囲そのものを大きく組み直すような社会変動は，「記憶の戦争」といわれる歴史論争を生じさせている。そして，どちらの諸国家においても，その国内に「我々」の「外部」とみなされてしまうような，しかしながら間違いなく「我々とともに生きている」人びとが多数生活している。この中で，社会科教育は，何を，どのように教えるか，という問いに直面しているが，とくにヨーロッパにおいて興味深いのは，そこで「何語で教えるか」という問いが鋭く立ち上がる点である。

　筆者はヨーロッパの少数言語のひとつ，オクシタン語を対象にして社会言語学研究を行っているので，社会科教育は全くの門外漢である。あくまで外側からの視点となるが，とくに言語と教育の関係を中心に，いくつかの論点を整理することを試みたい。

1．「国民教育」と「公民（市民）教育」

　中学校学習指導要領を今一度読み直すと，そこには，教育の目標が大きく分けて二つあることがわかる。すなわち，「我が国の国土と歴史に対する理解と愛情」を持つ「国民」の養成と，「国際社会に生きる平和で民主的な国家・社会の形成者」であるような「公民（市民）」の養成である。しかし「国民」であることがすなわち「公民」である，という強固な理念によって支えられた国

民国家においては，この２つが分離してとらえられることはそれほどなかった。「我々」の範囲は国境によって厳密に区切られ，そこで「我々」の一員となるために必要な知識はあらかじめ厳密に選択されて画一化され，それをまるごと暗記する「暗記型」授業によって，全員が（平等に）同一の「国民意識」を持つことが社会科教育に課せられた責務であった。

　しかし，ヨーロッパにおいて現在求められているのは，「EU市民」「ヨーロッパ市民」の育成である。「国際社会に生きる平和で民主的な国家・社会」という価値観の具現化をめざしているともいうべき「ヨーロッパ」という枠組みは，「国民」としての画一的な知識が国ごとに大きく異なるのみならず，互いに矛盾し，むしろ対立を煽り立てるようなものであることを明らかにした。対立を乗り越えるために，1990年代には『欧州共通教科書』の編纂といった試みもあったが，現在とくにヨーロッパにおいて重要視されているのは，「広い視野にたって」「諸資料に基づいて多面的・多角的に考察」するような，「解釈型」「課題提供型」の教育方法であるという。すでに「解釈」が終わっている統一的な「国民のナラティブ」をそのまま暗記するのではなく，多様な，時として互いに対立するような情報を与え，そこからさまざまな議論を行って自ら判断を下すような授業の形式である。近年のヨーロッパでは，そのような授業形式にそった「テーマごとの多様な資料」「議論すべき論点」を掲示するような教科書が多く出版されている。

　しかし，このような教育方法が現在の社会科教育につきつけられたさまざまな課題を解決するかというと，そういうわけでもないだろう。「互いに対立する多様な価値観」の存在を認め，その対立を対話によって乗り越えようとする弁証法的な手法は，そこに一定の対立軸が安定的に存在してこそ効果を発揮できるともいえる。しかし，現在のヨーロッパ諸国において起きているのは，その対立軸そのものの多様化である。1989年以降に，場合によっては凄惨な紛争を経て独立した新興の国民国家は，今まさに「国民」としての軸を作り出すための歴史の再記述を，教科書を通して行っている。ようやく「我々」の物語，「我々」の教科書を作ることができるという歓喜は，「ヨーロッパ市民」として

の「我々」意識の醸成のためには抑圧されなくてはならないのだろうか。「国民」という我々意識が他者への攻撃・排除にならないようにするために，どのようにして歯止めをかけるべきなのだろうか。

　一方で，「国民のナラティブ」が強力に成立した裏では，それとは異なる「我々」意識は徹底して抑圧されてきたが，「ヨーロッパ」という枠組みが実体化するに伴い，古くて新しい，「国民」とは異なる「我々」意識——バスクやコルシカといった諸地域のアイデンティティ——をうちたてるような教育を行う余地も現れてきた。多様な価値の存在が尊重されるのだとしたら，もちろん「我々」が「我々」であることも認められていいはずだ，という主張を簡単に否定することはできない。対立軸の多様さを教科教育の中でいかに消化していけばいいのかという問題は，個々の教師の力量だけで超えられるものではないだろう。

2．言語の選択，情報の選択，「我々」ネットワークの選択

　そして，とくにここで注目されるのは，ヨーロッパにおいては，「何語で教えるか」という問題が，単なる教授言語という手段の選択の問題以上の重さをもって現れてくる点である。

　「国民教育」においては，言語の選択は，やはり，それほど問題にならなかった。「国民教育」はすなわち「国語教育」なのであって，統一的な国民を作り出す「国語」を教え，普及させることが国民教育の最も主要な目的であった。教育内容が画一的である以前に，その言語が統一化，画一化されていることは前提条件であった。

　現在，「ヨーロッパ市民」を養成するためには，多様な言語を習得することが期待されている。それは，言語が単なる情報伝達の手段なのではなく，それぞれの言語がそれぞれに異なる，多様な価値観を持つことが重視されているからである。そのために，教授言語の選択権の保障，2言語・多言語教育の実施なども各国で推進されている。この点においては，むしろ「帝国的」であった

旧ソ連邦や旧ユーゴスラヴィアの教育制度が，現在のヨーロッパ的価値観としての「多様な言語による教育」の先駆者でもあった（第1章）。

　学校教育の教授言語としての選択肢となることは，当該言語の話者集団にとって非常に大きな意味を持つ。その言語で書かれた教科書を大量に印刷し，販売することができるためである。それは従来十分に書記言語として利用されなかった言語が安定的な表記法を得て，読み書きによる言語の世代間継承の場を確保できることであり，また，その言語能力を持っていることによる雇用（教科書執筆者，その教科書を用いて教える教師，その教科書を印刷・出版する企業）が生まれることであり，何よりも，その言語による知識・情報のネットワークを，学校教育という場から構築することでもある。それゆえに，「国語」としての地位を持てなかった数多くの少数言語は，その維持復興運動において，とくに学校教育現場に当該言語を導入することを重視してきた。

　それではその言語で何を教えるのだろうか。「それぞれの言語がそれぞれに異なる，多様な価値観を持つ」とは，つまり，それぞれの言語ごとに蓄積されたテクスト，知識，情報，そしてその解釈の枠組みが異なるということだ。例えばNHKのBS1で放送される朝の「ワールドニュース」を漫然と見ているだけでも，ある出来事が，ニュース番組ごとに驚くほど異なって報道される（あるいは全く報道されない）ことが実感できるだろう。それぞれの言語の持つ情報ネットワークとその情報のコントロールの仕方はそれぞれかなり異なっており，これだけ「英語のグローバル化」がいわれている現在でも，英語がカバーできない情報や知識，そして何よりも解釈は非常に多い。学校で一定の言語を使うことを学ぶこと，一定の言語によって情報が伝達され，それを解釈することを学ぶことは，その後どこから情報を入手してどのように解釈するか，という「世界を認識する枠組み」を選択することになる。例えば，とある出来事を「侵略」と名付けるのか，「解放」と名付けるのか，「統合」なのか「征服」なのかは，ある出来事を語る言語（話者）の立場によって決定づけられることが多い。

　たとえ教科書の内容は完全に統一して，それをいくつもの言語で翻訳すると

いう形で、できるかぎり同一の知識を習得させようとしても、その「解釈」は異なりうる。教科書は学校教育の中で特権的な地位は占めるかもしれないが、隔絶された世界に単体で存在しているはずはなく、その周囲を取りまく多様な、そして言語ごとに異なるテクストに取りまかれ、その中で一定の知識として学ばれ、解釈されるからである。例えば本論で何度も使用している「国民」という単語ひとつとってみても、ヨーロッパのあらゆる言語に翻訳できるであろうが、その概念は言語ごとに非常に多様であり、時として相矛盾することすらある。英語の"national minority"というありふれた用語は、フランス語に直訳してもほとんど語義矛盾ととらえられるだろう。

　そして、実際には、異なる言語で全く同一の教科書が編纂されるということは多くはない。教科書が他のさまざまなテクストと隔絶して存在しないのであれば、ある言語であればその言語によって培われ、編まれてきた知識・情報・歴史、そしてネットワークの中から教科書に執筆される内容が選択されるからである。そもそも、よりネットワークが小さい言語が、より大きな言語と同じ知識や情報しか供給できないのであれば、その言語を学び継承する意義もなくなる。それゆえ、むしろ従来大言語が見落としてきた（あるいは意図的に無視してきた）視点を提示するような教科書を編纂することを目指すことになる。それは、先の「多様な情報を与えてそこから解釈する」という解釈型の授業を行うとしても、「多様な情報」それ自体が言語ごとに相当に異なることも意味する。そして、言語ごとに異なる認識や解釈が対立する場合、その対立をどの言語によって乗り越えればいいのだろうか。

3．「我々」の内側と外側

　また、言語ネットワークは、行政的に区切られて実施される教育制度の枠組みをやすやすと乗り越える。たとえばエストニアのロシア語系住民は、エストニアで生まれ育ち、エストニアで教育を受けるとしても、ロシア語を学校で習得することで、ロシアからのテレビを視聴し、ロシア語で書かれた新聞やイン

ターネットでの情報を入手することができる。その結果，エストニア語で暮らし，それほどロシア語に親しみを持たないエストニア人とは異なる知識や，その知識に対する解釈（ロシア語によるロシアの情報に対する批判的解釈・判断も含む）枠組みを持つようになるだろう（第1章）。また，スペインやポルトガルの，そしてバスクのニュースを見れば，中南米がいかに近い存在と認識されているかがよくわかる。長い歴史の中で同じ言語によって結びつけられたネットワークが存在するからである。そして，「大西洋国家」としてのスペインやポルトガルの自己認識と，「EUの中のスペイン／ポルトガル」という自己認識との間に，ある種の葛藤も存在する。世界情勢が変動するたびに，「我々」の範疇にもゆれが生じることになるだろう（第3章）。

　理解する言語によって「我々」が区切られてしまったり，言語による認識・解釈の違いが対立をもたらすのであれば，その対立を乗り越えるための有効な解決策は，個々人の多言語能力の育成である。多様な視点，多様な認識を持つためには多様な言語を習得する必要があり，そのことによる「我々」意識の複合化が「ヨーロッパ市民」として基本的な要素となる。ヨーロッパでは90年代初頭から，このような「複言語主義（plurilinguisme）」に基づく多言語習得政策をEUや欧州評議会などの国際機関レベルで推奨している[1]。その中で，多言語をより効率よく学ぶための教育方法もさまざまな形で模索されるようになった。

　例えば，1984年以来ルクセンブルク語を国語としている一方，行政や司法においてはフランス語・ドイツ語が使用されているルクセンブルク公国は，幼稚園ではルクセンブルク語，小学校低学年ではドイツ語，小学校中学年からはフランス語を教育言語とする多言語教育を実施している[2]。また，カタルーニャ自治州内のピレネー山間部に位置する，人口10,000人程度の小さな自治区アラン谷（Val d'Aran）では，5つの公立小学校とひとつの中学・高等学校において，アラン語・カタルーニャ語・スペイン語，そしてフランス語と英語も教授言語として採用し，科目ごとにその教授言語をかえるという多言語教育を実践している[3]。どちらも「小国」ゆえに，住民に多言語能力を養成することで生

き残りをはかろうとし、「小国」ゆえの教育政策の機動力の高さで、ヨーロッパの「多様性、多言語主義」的価値に合致した多言語教育政策を実施して、一定の成果をおさめている。ただ、実は、どちらの地域においても、これらの教授言語をどれも理解することができない、多様な出自の移民の子弟たちが相当の割合で存在している[4]。2008年にアラン谷の中学校を視察した際には、そのような生徒（南米、東欧出身の転校生）はあまりに多様な教授言語の授業についていくことができず、特別クラスでの抜き出し授業をスペイン語で受けていた。多様な言語による解釈型・議論型の「市民教育」を行おうとすれば、それは教師の力量が問われるだけでなく、生徒側の負担も相当に重くなり、社会的出自や社会階層、第一言語によって教育効果の差が大きくなることも考えられる。また、学校教育内では選択肢とならないような継承言語や文化を学ぶ時間や機会を確保することも困難になる。

　そして、「多言語能力養成」が目指される場合、どの言語能力を養成するか、言語能力をどのように養成する学校で学ぶかという選択肢も開かれることになる。フランスの少数言語のひとつオクシタン語の世代間伝達の場を確保するために、1979年に設立されたNPO団体によるオクシタン語とフランス語のイマージョン教育を行うカランドレート（Calandreta）は、現在南フランスにおいて、中学校3校、幼稚園・小学校60校、生徒数3,471人を教える組織にまで発展した[5]。しかし、子どもを入学させる動機としては、オクシタン語を子どもに学ばせたい、というより、先進的なイマージョン教育、早期からの英語を含む多言語教育、モチベーションが高く熱心な教師による少人数教育などに惹かれる例が多くなっており、事実上「アッパーミドルのための学校」になっている側面もあるという。そしてそのような学校を比較的小さな市町村に設立しようとする場合、従来の公立学校との間で児童生徒の奪い合いが起きたり、生徒数が確保できない、当該市町村に反対されたといった理由で設立に失敗するといったことが起きている。大都市住民であったり、当該地域において勢力の強い言語集団のメンバーであったりすれば、さまざまな教育を選択することが可能だが、その選択肢が全ての人びと、全ての地域、全ての言語に開かれてい

るわけではないのである。

おわりに

　「ある国家の国民は国内のどこにいようと統一的（画一的）な教育を受けることで，全員が平等に『我々』の一員になれる」という「国民教育」から，現在，広い視野に立ち，国際社会に生きる「我々」になるための「公民（市民）教育」が求められている。しかし，高い見識を持つ「ヨーロッパ市民」ひいては「世界市民」となるための社会科教育を実施するには，どれだけ高いレベルの教育方法，知識量が求められ，そしてどれだけの言語を習得する必要があるのだろうか。「我々」の範囲が地球規模になると同時に，生活する地域内も極めて多様化した現代社会における「社会科教育」は，あまりに重い期待を背負わされている。また，よき「公民（市民）」をめざすがゆえに，教育手法や教育言語が選別され，逆に人びとが教育によって選別され，その結果，受けた教育によって「一級市民」「二級市民」といった区別が生じてしまいかねない。

　現在の日本（日本だけではないとも思うが）に顕著に見られる「世界市民化」「グローバル化」を「英語化」に横滑りさせ，ひたすら英語教育に邁進しようとする傾向と，「国を愛する心の育成」の強調など，「国民」枠組みへと回帰しているかのような教育政策は，一見対立的なようにみえて，実は，「公民（市民）」としての「我々」の拡大と，拡大に伴う多様さにおいつけないという，ある種の恐怖心の２つの現れ方であるとも思われる。このような現状において，ヨーロッパで現在試みられている，大きな「我々」への激しい希求と同時に，「私たちとあなたたちは違う」ことを，なんとか消化し，受け入れようとするためのさまざまな教育の模索を知ることは，日本の教育にとっても示唆的であろう。

【注】
1)　欧州評議会（http://www.coe.int/t/dg4/linguistic/default_en.asp　2016年２月

26日閲覧）など参照。
2) 高橋秀彰「岐路に立つルクセンブルクの3言語主義」『関西大学外国語学部紀要』第6号，2012年
3) 塚原信行「アラン谷における早期多言語教育」『国際社会から考える小学校英語教育の展望』明石書店，2016年
4) ルクセンブルク公国統計によると，2015年現在ルクセンブルクの人口は563,000人，うち外国籍は258,700人，そのうち92,100人をポルトガル人が占める（Le Portail des statistiques Grand-Duché de Luxembourg, http://www.statistiques.public.lu/fr/index.html)。また，2014年現在アラン谷の人口は9,993人，うち外国籍が1,675人，そのうち584人がルーマニア人である（Generalitat de Catalunya, Institut d'Estadística de Catalunya, http://www.idescat.cat/poblacioestrangera/?b=8&res=d39 2016年2月26日閲覧)。
5) 2014年9月現在。http://calandreta.org/-Confederacion-.html（2016年2月26日閲覧）

あとがき

　本書は，2015年7月4日に早稲田大学で開催された教育最前線講演会シリーズ第20回（早稲田大学教育総合研究所主催）での報告と議論をもとにとりまとめたものである。その講演会もまた，教育総合研究所の共同研究「社会科教材の国際比較と教材案の作成——ヨーロッパ諸国を事例として」で2年間（2013～2014年度）にわたり行ってきた議論を下敷きにして開催された。2年間という時間をいただきながら，何らかの結論がでるほど十分な議論ができたわけではないが，今後の議論の土台とすべく，今般，こうした形でまとめさせていただいた。

　共同研究を立ち上げた時点での問題関心については，序章で述べたとおりであるので繰り返すことはしない。そうした問題関心にいくぶんなりとも応えるような議論が本書のなかでできたのか，はなはだ心もとなく，また，共同研究の名称に掲げたような国際比較を行うまでには至らず，各国・地域の紹介にとどまったことも大いに反省すべき点のひとつである。その主たる理由は，本共同研究の世話役であった編者の力量不足と怠慢にある。さらに，せっかく教育学部という教材研究を行うには最適の環境にありながら，本共同研究を実践の場に向けて開くために，教育学を専門とされる先生方の知見なり研究成果なりを学んだり，本研究のなかで生まれた疑問を共有したりする機会を設けなかったことが悔やまれる。多くのことが課題として残った。加えて，本書の議論そのものがまだ生煮えであるどころか，現実の急速な展開に置いてきぼりにされている感もある。それでもこうした形で整理することを通じて見えてくることもあるだろうと期待した。

　出版事情厳しき折，本書のような，よく言えば挑戦的な企画を実現するための場を与えてくださった堀誠所長，和田敦彦副所長をはじめとする教育総合研究所の皆様に感謝したい。

最後に,「社会科教材の国際比較と教材案の作成——ヨーロッパ諸国を事例として」の協力者は，以下のとおりである（＊は執筆者）。

石田信一　跡見学園女子大学文学部教授＊
伊藤　武　専修大学法学部教授
小森宏美　早稲田大学教育・総合科学学術院教授＊
近藤孝弘　早稲田大学教育・総合科学学術院教授
定松　文　恵泉女学園大学人間社会学部教授＊
佐野直子　名古屋市立大学人間文化研究科准教授＊
竹中克行　愛知県立大学外国語学部教授
西脇靖洋　山口県立大学国際文化学部准教授＊
萩尾　生　名古屋工業大学国際交流推進室教授＊
百瀬亮司　立教大学兼任講師
吉岡　潤　津田塾大学学芸学部教授
若林　広　東海大学教養学部教授

2016年1月

編　者

■ 執筆者一覧 ■

小森宏美	早稲田大学教育・総合科学学術院教授	(序章, 第1章)
石田信一	跡見学園女子大学文学部教授	(第2章)
西脇靖洋	山口県立大学国際文化学部准教授	(第3章)
萩尾　生	名古屋工業大学国際交流推進室教授	(第4章)
定松　文	恵泉女学園大学人間社会学部教授	(第5章)
佐野直子	名古屋市立大学人間文化研究科准教授	(補論)

変動期ヨーロッパの社会科教育―多様性と統合―　　　[早稲田教育叢書35]

2016年3月30日　第1版第1刷発行

編著者　小森宏美

編纂所　早稲田大学教育総合研究所
〒169-8050　東京都新宿区西早稲田1-6-1　電話　03 (5286) 3838

発行者　田中　千津子

〒153-0064　東京都目黒区下目黒3-6-1
電　話　03 (3715) 1501 (代)
ＦＡＸ　03 (3715) 2012
http://www.gakubunsha.com

発行所　株式会社　学文社

© 2016 KOMORI Hiromi　Printed in Japan
乱丁・落丁の場合は本社でお取替えします
定価はカバー・売上カード表示

印刷所　東光整版印刷

ISBN 978-4-7620-2627-0